Michelina Graziano

Sanità & Information Security Un binomio difficile

AF153830

Michelina Graziano

Sanità & Information Security Un binomio difficile

ICT e sicurezza in ambito sanitario

Edizioni Accademiche Italiane

Imprint

Any brand names and product names mentioned in this book are subject to trademark, brand or patent protection and are trademarks or registered trademarks of their respective holders. The use of brand names, product names, common names, trade names, product descriptions etc. even without a particular marking in this work is in no way to be construed to mean that such names may be regarded as unrestricted in respect of trademark and brand protection legislation and could thus be used by anyone.

Cover image: www.ingimage.com

Publisher:
Edizioni Accademiche Italiane
is a trademark of
Dodo Books Indian Ocean Ltd. and OmniScriptum S.R.L publishing group

120 High Road, East Finchley, London, N2 9ED, United Kingdom
Str. Armeneasca 28/1, office 1, Chisinau MD-2012, Republic of Moldova, Europe
Managing Directors: Ieva Konstantinova, Victoria Ursu
info@omniscriptum.com

Printed at: see last page
ISBN: 978-3-639-77652-2

Zugl. / Approved by: Cosenza, Università degli Studi della Calabria, 2012

Alla mia famiglia

INDICE

PREFAZIONE

Con l'entrata in vigore del Codice in materia di protezione dei dati personali (D.Lgs. 30 giugno 2003, n. 196), primo modello, in ambito europeo, di codificazione organica e completa in materia di privacy, e che all'impianto della stessa ha fornito saldezza e coerenza, l'ordinamento giuridico italiano si arricchisce di nuovi profili. Il Codice oltre, infatti, a tutelare la riservatezza, l'identità personale, la dignità umana, riconosce e garantisce il diritto alla protezione dei dati personali. Lunga e complessa è stata l'evoluzione culturale e giuridica del concetto di privacy; molti anni, infatti, sono trascorsi dai primi tentativi di costruire un'efficace e armonica tutela giuridica della privacy. La nozione di privacy non è una nozione unificante; non si tratta, infatti, di un concetto che esprime esigenze uniformemente e coerentemente diffuse nella storia e nella collettività.

Siamo, inoltre, in presenza di una nozione fortemente dinamica. Esiste, infatti, una costante relazione tra mutamenti delle tecnologie delle informazioni e mutamenti del concetto di privacy. Tale concetto è, infatti, soggettivo e variabile in funzione dei soggetti, dei momenti storici, dei luoghi. È, inoltre, un concetto culturale: dipende, cioè, dalla cultura della società in cui viene invocato. I limiti della privacy, pertanto, sono elastici, ossia dipendono dalle circostanze e dal contesto in cui si trova un determinato soggetto.

Nel concetto di privacy, infatti, non si riflette più soltanto il classico tema della sfera privata contro le invasioni provenienti dall'esterno, ma si realizza un importantissimo cambiamento qualitativo, che ci induce a considerare le problematiche legate alla privacy nel quadro dell'attuale organizzazione del potere, di cui le nuove tecnologie dell'informazione rappresentano la componente principale. Nella società dell'informazione, il diritto alla privacy sembra ormai irreversibilmente orientato a caratterizzarsi come potere di controllo sulla circolazione delle informazioni personali, piuttosto che come proiezione di un indifferenziato e approssimativo interesse all'isolamento, di talché non sembra più riassumibile nei termini di un mero diritto di essere lasciati da soli.

Occorre, quindi, ripensare il concetto di privacy in una nuova dimensione. Tendono, pertanto, a prevalere definizioni *funzionali* di essa. Punto fondamentale diviene la possibilità di non perdere il controllo sulle informazioni riguardanti l'interessato; controllo essenziale per evitare che i molti benefici della società dell'informazione, le opportunità di partecipazione sociale che essa offre, vengano sopraffatti da interessi particolari, o vanificati da usi impropri o mancati aggiornamenti delle grandi banche dati.

In tal modo si va oltre l'aspetto statico dell'esistenza dell'individuo, impedire cioè che altri penetrino nella sua sfera personale, e si protende al suo esterno, consentendogli di esercitare un diritto di sequela.

Le nuove dimensioni della privacy investono non solo l'aspetto del controllo sul flusso delle informazioni in uscita dall'interno della sfera privata verso l'esterno, ma anche l'ulteriore, e non secondario, aspetto delle informazioni in entrata.

La preoccupazione mostrata dai cittadini in questi anni per il loro *corpo elettronico*, ossia per un'esistenza sempre più affidata alla dimensione astratta del trattamento elettronico delle loro informazioni, intimamente connessa alla rappresentazione pubblica della persona, hanno fatto sì che la privacy sia ormai diventata un elemento costitutivo della cittadinanza. Possiamo dire, infatti, che questa si è imposta come diritto fondamentale, si è specificata come diritto a determinare le modalità di costruzione della sfera privata nella loro totalità, e ora si presenta come *precondizione della cittadinanza elettronica*. La protezione dei dati personali, così, contribuisce in modo determinante alla *costituzionalizzazione* della persona e diviene un'imprescindibile garanzia contro ogni forma di potere, pubblico o privato.

Le nuove tecnologie dell'informazione hanno, inoltre, determinato una trasformazione qualitativa degli effetti derivanti dalla raccolta dei dati.

L'invasione delle tecnologie informatiche nei settori della vita associata ha determinato una frammentazione dell'individuo e la perdita di unitarietà della sua esperienza. L'informazione sulla persona, conservata e trattata, acquista subito vita autonoma, rispetto al soggetto e all'esperienza di vita in cui egli stesso si riconosce, e tende da frammento del tutto a ricapitolare l'integralità dell'esperienza dell'individuo cui si riferisce. La quotidiana apprensione dei dati personali e la loro sottrazione all'individuo, con l'archiviazione e il trattamento di essi, diventano la cifra, teoricamente ineludibile, da cui ripensare la soggettività nell'epoca della cosiddetta società dell'informazione.

La nozione originaria di privacy, nel corso degli anni, si è evoluta come «diritto all'autodeterminazione informativa» (Corte Costituzionale tedesca, sent. 15 dicembre 1983), come «protezione delle scelte di vita contro ogni forma di controllo pubblico e di stigmatizzazione sociale», nonché come «diritto dell'individuo di scegliere quel che è disposto a rivelare agli altri», in un quadro connotato dalla libertà delle scelte esistenziali.

Con il riconoscimento del diritto alla protezione dei dati personali possiamo dire che è nata una nuova concezione integrale della persona, alla cui proiezione nel mondo corrisponde il diritto di non perdere mai il potere di mantenere il pieno controllo sul proprio corpo elettronico, distribuito in molteplici banche dati e nei luoghi più diversi. Un diritto che si connota come elemento essenziale della nuova cittadinanza, da intendere come il fascio di poteri e doveri che appartengono a ogni persona, e non più come il segno di un legame territoriale o di sangue.

La costruzione di un *habeas data* nasce proprio dal diritto di ciascuno di controllare l'uso che altri facciano delle informazioni che lo riguardano: la libertà personale non è difesa soltanto attraverso il diritto di essere lasciato solo, secondo la definizione che racchiude la più antica essenza della privacy e che si concreta nel potere di impedire la circolazione dei dati personali. Diviene un potere di controllo sull'esterno, sia per mantenere l'integrità di sé seguendo in ogni momento i dati diffusi nell'ambiente, sia per impedire la violazione della propria sfera privata attraverso informazioni non gradite. Il controllo sulle informazioni in entrata, strutturato in un più generale "diritto di non sapere", diventa un momento caratterizzante della nuova definizione della privacy e incarna quel momento di intangibilità del corpo e di divieto di sue invasioni che appartiene alla più antica tradizione dell'*habeas corpus*[1] .

Riconoscere il diritto alla protezione dei dati personali significa riconoscere in capo all'individuo il diritto di governare il proprio corpo elettronico, ossia l'insieme delle informazioni che riguardano e definiscono l'identità della persona stessa. La gestione delle informazioni non riguarda solo la sfera della privacy, ma investe anche la libertà personale , ovvero non diventare prigionieri di chi possiede informazioni su di noi e può invadere in ogni momento la nostra sfera privata. Oggi il termine privacy, quindi, viene sempre di più associato ad aspetti costitutivi della persona, quali la dignità, l'eguaglianza, la libertà. La tutela della privacy, grazie proprio al riconoscimento del diritto alla protezione dei dati personali, che rappresenta l'aspetto dinamico del diritto alla privacy, è diventata uno strumento necessario per salvaguardare la c.d. società della libertà e una componente ineliminabile della società della dignità.

Nel linguaggio internazionale, oggi, l'espressione più usata al posto di privacy è *data protection*, proprio per sottolineare che non si tratta di restare chiusi nel proprio mondo privato, al riparo da sguardi indiscreti, ma anche di potersi proiettare liberamente nel mondo attraverso le proprie informazioni, mantenendo però sempre il controllo sul modo in cui queste circolano e vengono da altri utilizzate. Oggi privacy significa anche, quindi, diritto di sviluppare liberamente la propria personalità. Il diritto alla privacy si è, quindi, legato in maniera sempre più salda a quello della libertà sia individuale che collettiva.

Nel mondo dell'informazione tecnologica il cittadino deve essere libero di governare il proprio corpo elettronico, ossia l'insieme delle informazioni che lo riguardano e che definiscono la sua identità.

Tutto ciò assume ulteriore rilievo e valore in un ambito delicatissimo come quello sanitario.

---

[1] S. RODOTÀ, *Libertà personale. Vecchi e nuovi nemici*, in M. BOVERO (a cura di), *Quale libertà. Dizionario minimo contro i falsi liberali*, Roma-Bari, 2004, p. 52

I dati sulla salute hanno a che fare in modo profondo con la nostra dignità, soprattutto perché ci colgono in una condizione di debolezza o di difficoltà psicologica. Dati che, se trattati illecitamente o con leggerezza, possono essere causa di repulsione, stigmatizzazione sociale e discriminazione.

Quando parliamo di dati sanitari, siamo in presenza di dati "ultra" sensibili, poiché questi riguardano la sfera più intima della persona; per tale motivo il Codice in materia di protezione dei dati personali ha previsto una tutela "rafforzata" per questa tipologia di dati. In particolare, per garantire la sicurezza dei suddetti dati e dei sistemi informativi.

E' naturale, quindi, che il problema dell'impatto delle nuove tecnologie sull'organizzazione della sanità venga oggi vivacemente dibattuto in tutti gli ambienti interessati con ricchezza di analisi e proposte di soluzione. Ed è altresì logico che ciò accada, ove si rifletta sull'enorme importanza che gli aspetti della tutela della salute rivestono nella vita dei cittadini, nell'organizzazione pubblica degli interventi, nella predisposizione delle regole che devono disciplinare l'esercizio delle professioni sanitarie, in un quadro operativo in cui sempre più prepotente emerge l'esigenza di ricorso alla Rete quale ausilio imprescindibile per la più tempestiva e efficace azione a tutela della salute dei cittadini.

In tale scenario, lavori come quello di Michelina Graziano non sono solo importanti, ma necessari.

Sergio Niger

Docente di aspetti etici e giuridici dell'informatica

Università della Calabria

INTRODUZIONE

La telemedicina è "l'integrazione, monitoraggio e gestione dei pazienti, nonché l'educazione dei pazienti e del personale, usando sistemi che consentano un pronto accesso alla consulenza di esperti ed alle informazioni del paziente, indipendentemente da dove il paziente o le informazioni risiedano"[2].

Questa definizione evidenzia come un servizio di telemedicina sia un servizio medico che non solo permette l'integrazione fra presidi sanitari differenti, con la conseguente condivisione di dati e lo scambio di opinioni fra professionisti lontani fra di loro, per assicurare assistenza medica a pazienti lontani dai centri sanitari, ma che è in grado di innovare e rinnovare il sistema sanitario con particolare riguardo ai servizi di emergenza, di organizzazione medica, di educazione sanitaria e di formazione/aggiornamento professionale.

Grazie all'uso di avanzate tecnologie della comunicazione, si abbattono i tempi e le distanze e questo consente al sistema sanitario da un lato di trarne grande beneficio in termini di assistenza al paziente/utente e dall'altro di portare ad un abbassamento dei costi diretti e indiretti della salute.

La scelta delle tecnologie di telemedicina è multidisciplinare e deriva dalle esigenze del medico, dalle conoscenze dell'informatico e dalle competenze dell'esperto di telecomunicazioni, che, in stretta collaborazione, studiano la fattibilità e la realizzazione delle migliori modalità di trasmissione. Spetta poi al medico stesso sperimentare sul campo il servizio offerto, analizzandone i benefici e i relativi costi e decidendone il suo effettivo utilizzo nella routine.

L'adozione di un sistema di telemedicina è generalmente dettato o da esigenze organizzative, ad esempio l'organizzazione delle Aziende Sanitarie in aree vaste per garantire assistenza anche in quei presidi di "periferia", difficilmente raggiungibili e

---

[2] Advanced Informatics in Medicine - AIM 1990

che pur sono fondamentali per garantire l'assistenza sul territorio; o da esigenze economiche, quali gli eccessivi costi legati all'uso, alla conservazione e allo smaltimento del cartaceo; o da esigenze di razionalizzazione, sia delle risorse tecnologiche che umane, soprattutto in quelle Regioni dove gli investimenti ed il *turnover* del personale sono bloccati dai Piani di Rientro della spesa sanitaria.

Un problema legato alla telemedicina è la necessità di standardizzazione delle interfacce fisiche e logiche fra i vari *device* e le interfacce usate, per consentire uno scambio di informazioni attraverso la rete secondo protocolli di utilizzo e scambio dati condivisi fra i vari *provider* del mercato tecnologico e che garantisca la sicurezza e la tutela dei dati trattati.

Infatti uno dei requisiti indispensabili che deve avere un sistema di telemedicina è la sicurezza. I sistemi proposti all'utente devono avere un'architettura flessibile e scalabile, così da soddisfare a pieno le esigenze dell'utilizzatore, ma devono essere altresì affidabili, sia dal punto di vista di integrità dei dati e di rapidità/continuità del collegamento, sia dal punto di vista dell'autenticazione e protezione nei confronti di eventuali manomissioni.

Il concetto di "sicurezza informatica" è collegato a quel complesso di accorgimenti tecnici ed organizzativi che mira a preservare la riservatezza, la confidenzialità, l'integrità e la disponibilità dei dati trattati. Un sistema informatico viene definito "sicuro", quando le informazioni riservate, non sono disponibili per chi non è autorizzato, ma sono disponibili, nella loro integrità e autenticità originaria, solo per chi ne ha pieno diritto, per cui ha le credenziali necessarie per accedere agli stessi. Inoltre ad ogni paziente deve essere sempre garantita la *privacy*.

In un sistema sanitario ove la telemedicina è una delle applicazioni correnti, l'improvviso *black-out* o il cattivo funzionamento degli apparati o il *deficit* di sicurezza dei sistemi di elaborazione e trasmissione dei dati rischia di generare danni ingenti, che espongono la struttura incaricata di assicurare le prestazioni di telemedicina ad un notevolissimo rischio, sia da un punto di vista medico-legale sia da un punto di vista economico.

I requisiti fondamentali di un sistema di scambio di documenti elettronici sicuro sono: il consenso, la paternità, l'integrità, l'autenticità, la segretezza. Ecco perché si usano sistemi di crittografia, che garantiscono l'anonimato e l'integrità del dato, dall'autenticazione dell'utente incaricato del trattamento fino all'apposizione della firma digitale.

Tuttavia, le limitazioni imposte nel trattamento dei dati a mezzo di sistemi telematici, come da normativa vigente, non possono comportare uno sbarramento definitivo nella circolazione dei dati stessi, del cui adeguato trattamento può giovarsi in particolare la ricerca scientifica. Ecco perché è fondamentale e prioritario adottare tutti gli accorgimenti necessari affinché non vengano lesi i diritti del paziente all'autotutela e alla propria *privacy*, né venga proibito al medico di migliorare il proprio modo di lavorare sfruttando al massimo le potenzialità dei sistemi informatici e digitali, soprattutto integrandosi e confrontandosi con i suoi colleghi, anche a distanza, a tutto vantaggio del paziente che può così usufruire di un'assistenza più efficiente e più efficace.

Scopo di questa tesi è quello di sviscerare quanto anticipato finora sui sistemi informativi in ambito sanitario e sulla telemedicina, prestando un occhio particolare soprattutto ai metodi di tutela della sicurezza ad oggi in uso.

1. L'ICT NEI SISTEMI INFORMATIVI SANITARI

Il SSN presenta oggi un circolo vizioso in cui si tagliano i fondi per ridurre la spesa e a stento si riesce a garantire il minimo rispetto ad una domanda sempre più crescente di assistenza, perché i finanziamenti sono per lo più assorbiti dalla spesa ordinaria.

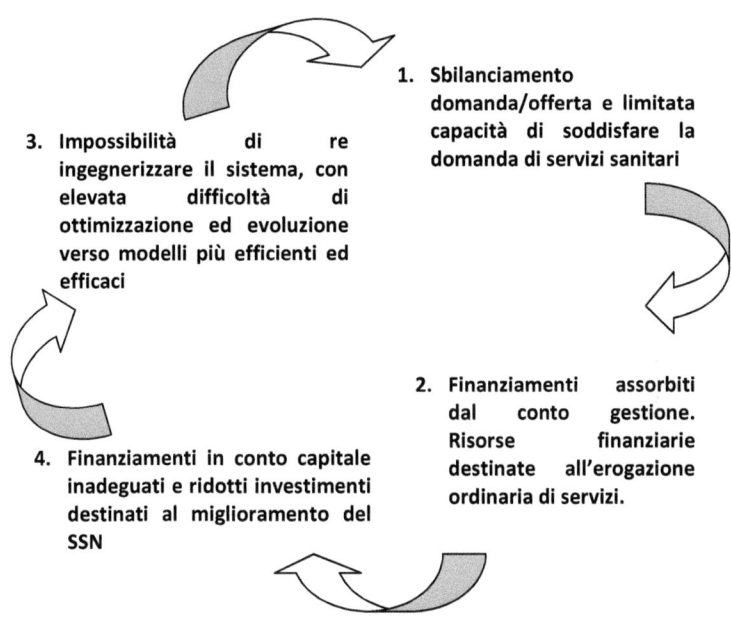

3. Impossibilità di re ingegnerizzare il sistema, con elevata difficoltà di ottimizzazione ed evoluzione verso modelli più efficienti ed efficaci

1. Sbilanciamento domanda/offerta e limitata capacità di soddisfare la domanda di servizi sanitari

4. Finanziamenti in conto capitale inadeguati e ridotti investimenti destinati al miglioramento del SSN

2. Finanziamenti assorbiti dal conto gestione. Risorse finanziarie destinate all'erogazione ordinaria di servizi.

Figura 1. Il circolo vizioso del SSN oggi.

L'**ICT** (*Information and Communication Technology*), ossia l'insieme dei metodi e delle tecnologie che realizzano i sistemi di trasmissione, ricezione ed elaborazione di informazioni (tecnologie digitali comprese), oggi più che mai assume crescente importanza strategica per le organizzazioni nella gestione e nel trattamento delle informazioni.

La Sanità rappresenta uno dei contesti in cui maggiormente l'ICT può evidenziare dei circoli virtuosi, soprattutto in quelle Regioni sottoposte ai Piani di rientro dai deficit strutturali, che sono stati avviati per incidere sui fattori di spesa sfuggiti al controllo delle Regioni stesse. L'innovazione ICT del sistema sanitario regionale può contribuire a portare un freno alla sempre crescente spesa sanitaria, favorendo anche un incremento del livello qualitativo delle prestazioni, dettato ormai dalla crescente cultura della popolazione in materia e dalla disponibilità di percorsi di diagnostica e di cura più sofisticati.

L'introduzione di sistemi ICT, coadiuvata da una adeguata azione di prevenzione rivolta in modo particolare alla gestione delle patologie croniche (es. malati di diabete, cardiovascolari, ecc.), può inoltre sostenere uno sviluppo equilibrato dell'assistenza domiciliare e residenziale, con un aumento di efficienza del processo di cura e un utilizzo più appropriato delle strutture ospedaliere. L'attuazione di questa innovazione a livello territoriale costituisce un passaggio di valenza strategica in grado di migliorare la gestione della domanda, da un lato contenendone le crescite inappropriate (es. ricoveri negli ospedali) e così supportando le Regioni soggette a piani di rientro, e dall'altro rendendo più efficace la domanda, con potenziali ricadute positive anche dal punto di vista occupazionale.

1.1 L'ICT e il SSR

L'ICT in ambito sanitario ha l'obiettivo di sfruttare le esigenze contingenti per avviare una reingegnerizzazione strutturata in grado di portare ad un riequilibrio del Sistema Sanitario Regionale sostenibile nel lungo periodo, essenzialmente attraverso due percorsi:

1. **L'incremento di efficienza del Sistema Sanitario Regionale SSR**, ottimizzando l'impiego delle risorse ospedaliere e rendendo più efficaci i percorsi di cura, attraverso una miglior gestione dei flussi informativi e l'introduzione di modelli operativi innovativi, capaci di superare le tradizionali logiche campanilistiche per cui ogni Medico rimaneva inchiodato al proprio studiolo in Reparto e il cittadino era abituato a curarsi presso l'ospedale sotto casa;

2. **Lo spostamento progressivo del baricentro del Sistema Sanitario verso un modello di assistenza articolato sul territorio e sulla prossimità al cittadino**, in grado di costituire un'alternativa efficace alla ospedalizzazione per la gestione

delle cure primarie, attraverso modelli organizzativi evoluti che, coordinando un *network* di soggetti specializzati ed operanti sul medesimo territorio, è in grado di offrire servizi articolati e qualitativamente elevati.

Pertanto, quando si vuole realizzare un processo di informatizzazione di un'azienda sanitaria è fondamentale:

1. **Garantire i livelli essenziali di informazione** attraverso:
   o Lo sviluppo di piattaforme di interscambio dati con i sistemi esistenti;
   o La creazione di interfacce tra piattaforme e applicativi esistenti;
   o L'implementazione di applicativi di informatizzazione per le aree scoperte;
   o Il *set-up* di sistemi per il miglioramento della qualità dei dati;

2. **Supportare i processi di miglioramento delle prestazioni sanitarie**, superando le distinzioni tra le diverse aree e discipline sanitarie attraverso:
   o Interventi mirati sull'integrazione delle anagrafiche;
   o Definizione di strumenti per la gestione dei percorsi di cura;
   o Gestione delle competenze dei servizi specialistici ambulatoriali;
   o Supporto al processo di concentrazione degli esami ed il decentramento dei prelievi;
   o Interventi evolutivi nell'area della Diagnostica per Immagini per favorire la centralizzazione e la standardizzazione della refertazione;
   o Supporto all'integrazione ed operatività dei centri di riferimento per le prestazioni ad elevata specializzazione;
   o La gestione integrata di 118 e Pronto Soccorso.
   o Per rispondere coerentemente a queste linee guida, la piattaforma dei servizi che si va ad implementare deve estendersi dagli ambiti centralizzati verso il territorio, basandosi su un *framework* architetturale modulare ed integrabile, che prevede una serie di servizi:

- ✓ **CUP Unico**: sistema informatizzato centralizzato di prenotazione di prestazioni sanitarie che consente di organizzare, con maggiore efficienza, le prenotazioni, gli accessi, la gestione delle unità eroganti e di fornire informazioni ai cittadini attraverso una visione globale e complessiva dei CUP Locali. Il CUP Unico o SovraCUP integra le agende delle ex ASL ed utilizza un portale regionale come il principale canale di accesso e di comunicazione istituzionale della Regione per i pazienti, gli addetti ai lavori, i media;

- ✓ **Anagrafica Unica**: soluzione che garantisce l'integrabilità dei dati raccolti al fine di aumentare la qualità, la coerenza e la tempestività delle informazioni clinico/statistiche necessarie. Per realizzare un'anagrafica unica è necessario far riferimento ad un *database* unico, sempre aggiornato e che fornisca dati coerenti e reali (ad esempio il MEF);

- ✓ **Fascicolo sanitario**: insieme dei dati sanitari del cittadino creati dalla sua storia all'interno del SSR. Il fascicolo sanitario di base integra le informazioni sugli eventi sanitari legati al paziente, eventualmente integrati da *link* a *repository* esterni (DICOM per le immagini radiografiche, HL7 e *Repository* Documentale per le refertazioni) che contengono dati di dettaglio relativi ai diversi eventi. È accessibile dalle strutture ospedaliere e territoriali in qualunque momento nel rispetto della regolamentazione nazionale e della tutela della *privacy*;

- ✓ **Cruscotto Direzionale**: sottosistemi di moduli che interagiscono e cooperano fra loro per implementare le funzioni necessarie al raggiungimento degli obiettivi del sistema direzionale, fornendo un'interfaccia per il monitoraggio ed il *Reporting* attraverso l'utilizzo di indicatori delle *performance* dei vari settori aziendali;

- ✓ **Archiviazione Bio-immagini**: servizio di archiviazione per la condivisione e conservazione legale di immagini diagnostiche digitalizzate;

- ✓ **Epidemiologico**: è un servizio che si basa sulla raccolta e sul consolidamento dei dati epidemiologici rilevati dalle diverse strutture presenti sul territorio, al fine di studiare i fenomeni riguardanti la popolazione (e.g. malattie e fattori di rischio, etc.) attraverso la valutazione di parametri;

✓ **DSS Clinico (*Decision Support System*)**: questo sistema prevede la gestione integrata dei dati di costo (dati amministrativi), per il controllo della spesa in ottica di risparmio economico, con i dati relativi alle prestazioni erogate (dati clinici), anche per il monitoraggio dei LEA (Livelli Essenziali di Assistenza). È uno strumento informatico "esperto" in grado di eseguire valutazioni clinico-diagnostiche, di fornire degli indici di gravità patologica delle più diffuse patologie croniche e delle valutazioni prognostiche dei fattori di rischio per le patologie maggiori, rappresenta uno strumento di supporto ai medici per la diagnosi di patologie e prescrizioni di terapie farmacologiche;

✓ **Telemedicina:** soluzioni di telemedicina rivolte sia al paziente (Teleassistenza, Telemonitoraggio, Teleriabilitazione, Televisita) sia all'operatività sanitaria interna (Teleconsulto, Teleradiologia) al fine di favorire la valorizzazione delle eccellenze, la remotizzazione delle cure (i.e. malati cronici) e di ottenere miglioramenti sia in termini di livelli di servizio sia in termini di efficienze operative. In particolare:

✓ **Telemonitoraggio per target locale:** sono sistemi che permettono il monitoraggio degli assistiti all'esterno dalle strutture ospedaliere attraverso la rilevazione dei dati biometrici con apparati biomedicali. I dati vengono rilevati da un Centro Servizi in grado di generare allarmi verso il medico di medicina generale o il medico specialista di riferimento in caso di superamento delle soglie previste per determinati parametri vitali;

✓ **Teleradiologia:** utilizzando il servizio di archiviazione delle bio immagini su sistemi PACS (Picture *Archiving and Communication System*) secondo lo *standard* DICOM, che permette la consultazione remota per un "secondo consulto" di specialisti;

✓ *ePrescribing*: è uno strumento di supporto per gestione del ciclo di prescrizione-erogazione delle prescrizioni di farmaci e prestazioni sanitarie.

✓ *Education* **per gli operatori sanitari e per i cittadini:** sono tutte una serie di soluzioni di *Knowledge Management* multicanale e di *e-Learning* evoluto per i Medici che abilitano una maggiore condivisione delle informazioni, con impatti benefici sull'operatività sanitaria (i.e. riduzione errori di diagnosi), e soluzioni di *e-Learning* ai malati (*Virtual Communities*, Portale Informativo, ecc.) rivolte ai cittadini per facilitarne l'approccio ai servizi sanitari offerti.

Quanto elencato è realizzabile solo se esiste o si costruisce un'infrastruttura **IT** (*Information Technology*) che garantisce l'integrazione dei dati, l'allineamento real-time, l'interoperabilità evoluta tra i diversi soggetti pubblici e privati del Sistema Sanitario, tramite connettori aderenti agli standard e linee guida della Sanità (SOA, IHE, HL7, DICOM…), nel rispetto dei criteri di *privacy & security*, necessari per assicurare la conformità ai requisiti di legge.

1.2 L'Assistenza Territoriale

In merito all'assistenza territoriale è opportuno fare alcune considerazioni preliminari:

1. L'innalzamento della vita media ha determinato un aumento delle patologie croniche degenerative, generando un alto carico assistenziale non sempre adeguatamente sostenuto da politiche di protezione;
2. I costi che il Sistema Sanitario Nazionale e la comunità sopportano sono notevoli e aumentano nel tempo in funzione dell'età (aumenta il numero di anziani "utenti" ed aumenta il costo sanitario dell'utente);
3. Le politiche nazionali dei maggiori paesi evoluti prevedono sempre maggiori "tagli" nel settore sanitario, con progressiva riduzione di ospedali e aumento della de-ospedalizzazione;
4. Le politiche sanitarie e l'analisi delle informazioni sono ancora orientate all'utilizzo delle risorse in senso "verticale" (per struttura di offerta/prestazione resa) e non alla gestione del processo di cura.

Un aspetto su cui queste considerazioni trovano un riflesso immediato è rappresentato dall'assistenza ospedaliera nel processo di cura, il cui peso, ormai ritenuto eccessivo, necessita urgenti azioni di contrazione. L'attuabilità di queste azioni può poggiarsi peraltro sul costante sviluppo e sulla crescita esponenziale dell'assistenza specialistica e della diagnostica ambulatoriale, già emerse nel tentativo di compensare i deficit delle strutture ospedaliere in termini di capacità di soddisfazione della domanda dei pazienti.

Questo cambiamento esige una serie di interventi ben definiti:

1. Potenziare la medicina territoriale per adeguare il sistema alla mutata realtà sociale, portando i servizi sanitari fuori dell'ospedale, confermando la forte integrazione con la rete dei servizi sociali e garantendo continuità assistenziale;

2. Sviluppare un modello che rilanci e rafforzi l'integrazione socio-sanitaria, e che abiliti il governo del processo di cura nella sua interezza, sia sotto il profilo sanitario che sociale;

3. Definire modelli di *Care Management* dei cittadini affetti da alcune patologie/disabilità, che poggino su una base dati condivisa, univoca, integrata e completa, contenente tutte le informazioni relative alle prestazioni socio-sanitarie rese nelle diverse strutture al cittadino;

4. Seguire puntualmente l'evoluzione clinica della patologia del proprio assistito, evitando duplicazioni degli accertamenti diagnostici, sovrapposizione di indirizzi e coordinando e controllando tutti i contributi che i vari attori socio-sanitari forniscono al ripristino e al mantenimento dello stato di salute del cittadino.

Attuando queste innovazioni, l'ospedale potrà, quindi, gradatamente riacquistare il suo ruolo di erogatore di prestazioni di alta specialità, cioè di interventi per patologie "acute" o ad alto contenuto tecnologico e professionale, a cui corrisponde una riduzione della durata delle degenze medie, un compattamento dei percorsi diagnostici e terapeutici ed una progressiva diminuzione delle prestazioni erogate in regime inappropriato.

Questo processo generale di bilanciamento dell'assistenza sanitaria sul territorio porta alla necessità di:

1. Identificare e selezionare il bisogno di salute, indirizzando sulle opportune strutture territoriali dedicate le risposte che non richiedono il ricovero ospedaliero;
2. Assicurare la continuità assistenziale (sussidiarietà verticale) tra i diversi livelli di risposte al bisogno di salute, sia a livello di territorio che di ospedale.

A tale scopo, la nuova sfida del sistema sanitario nell'immediato futuro sarà riuscire a mettere ordine nell'insieme delle attività territoriali partendo da percorsi assistenziali integrati, ormai ben conosciuti, relativi alle patologie croniche di maggiore impatto. In questo senso è fondamentale la necessità di trovare nuove modalità relazionali tra il Distretto, il patrimonio assistenziale medico-infermieristico, il patrimonio assistenziale socio-sanitario, e il medico di medicina generale, anche al fine di perfezionare e sviluppare quella funzione che oggi è definita *Care Management*.

Diversi modelli in sperimentazione di *Care Management* si basano su azioni di sensibilizzazione dei pazienti, sul loro affiancamento nelle varie fasi della lungodegenza della malattia cronica e sui principi di *"coaching"* clinico (accompagnamento). Un concetto a cui si fa poi sempre più riferimento e' quello di "Unità di Medicina Generale" (UMG) che assume, nell'ambito del processo globale di "aziendalizzazione" del settore sanitario, maggiore enfasi nel bilanciamento delle attività territorio-ospedale.

In entrambi questi approcci, visti in una ottica alternativa o reciprocamente integrativa, l'organizzazione delle cure primarie tende a qualificarsi come organizzazione reticolare in cui si rilevano tre fondamentali livelli di integrazione:

➢ **Integrazione ospedale-territorio**, vale a dire tra servizi ospedalieri e servizi di cure primarie, di cui sono un esempio i percorsi di dimissione protetta;

> **Integrazione territorio-territorio**, vale a dire tra i servizi di cure primarie e gli altri servizi territoriali, come ad esempio i servizi di assistenza domiciliare integrata ed i servizi di assistenza primaria relativi alle attività sanitarie e socio-sanitarie erogati dal Distretto;

> **Integrazione sanitario-sociale**, vale a dire tra i servizi di cure primarie e i servizi sociali a rilevanza sanitaria, come ad esempio il coinvolgimento dei servizi sociali degli Enti Locali in sede di valutazione multidimensionale del bisogno del paziente in condizioni di fragilità o i servizi erogati da operatori specifici, quali assistenti sociali, educatori e assistenti domiciliari.

Lo sviluppo di un sistema territoriale in grado di fornire un'adeguata risposta per quanto riguarda l'assistenza sanitaria alle cure primarie richiede lo sviluppo di un modello organizzativo duttile, multidisciplinare, che rappresenti il sistema di relazione tra le diverse figure professionali che operano nell'ambito territoriale facilitandone la collaborazione all'interno del processo di cura del paziente.

Per realizzare un buon modello organizzativo di assistenza territoriale è necessario il supporto di adeguati strumenti informativi in grado di facilitare la circolazione e la gestione integrata dei dati, la collaborazione cooperativa dei diversi soggetti che operano sul territorio e la continuità nella gestione dei percorsi di cura dei pazienti.

Un adeguato modello di *Care Management* deve innanzitutto permettere l'individuazione della popolazione su cui intervenire (selezione dei profili di rischio), quindi procede con azioni di sensibilizzazione dei pazienti, sul loro affiancamento nelle varie fasi della lungo-degenza della malattia cronica e sui principi di *"coaching"* clinico (accompagnamento).

I servizi principali offerti dalla IT per queste procedure sono:

> **Gestione Visite**: risolve la gestione "organizzativa" del Processo di Cura. In particolare: la gestione e la definizione delle diverse agende gestite dalla struttura,

la conferma degli appuntamenti e l'atto di erogazione/conclusione dell'istanza "visita";

➤ **Prescrizione Elettronica**: gestisce il ciclo di prescrizione-erogazione delle prescrizioni di farmaci, farmaci per terapie continuative, esami e visite specialistiche ed affianca il MMG/PLS nella compilazione dei certificati ad uso personale e/o previsti dalla normativa;

➤ *Patient Relationship Management*: supporta il medico durante le visite nella registrazione di tutte le informazioni significative relative allo stato di salute del paziente e gli segnala specifici avvisi sulla progressione dei valori acquisiti durante le visite mediche o nel monitoraggio del paziente a distanza. Abilita, inoltre, funzionalità avanzate per:

o Supportare le iniziative di *screening* effettuate a seguito di specifiche campagne nazionali/regionali o su iniziative autonome dell'UMG, utilizzando determinati Piani di Cura personalizzati per singolo paziente;

o Agevolare la condivisione di dati, tra tutti gli operatori socio-sanitari dell'UMG e lo stesso cittadino, con viste dedicate della scheda paziente che mostra: problemi in corso/chiusi/cronici, allergie, farmaci assunti o che si stanno assumendo, patologie e ospedalizzazioni, operazioni o procedure mediche, vaccinazioni, risultati e analisi, anamnesi familiare, ecc.

Un ruolo importante nella realizzazione di questi servizi è quello dei Medici di Medicina Generale (MMG), rappresentando la primaria interfaccia nei confronti dei cittadini nell'applicazione dell'Articolo 32 della Costituzione che sancisce la salute come diritto fondamentale dell'individuo e interesse della collettività e, quindi, nel perseguire livelli uniformi di assistenza per i pazienti e il continuo miglioramento del Sistema Sanitario stesso.

I MMG, e con loro i PLS (Pediatri di Libera Scelta) e gli specialisti convenzionati, hanno evidenziato negli ultimi anni una forte sensibilità sul tema a partire dall'adozione obbligatoria nel 2005 di dotazioni informatiche sino a pervenire alla gestione digitale dei flussi informativi all'azienda sanitaria a supporto dei progetti Tessera Sanitaria e Ricetta Elettronica.

L'aggregazione funzionale territoriale potrebbe inoltre portare ulteriori ritorni da un impiego più esteso e capillare delle soluzioni tecnologiche della telemedicina, che potrebbe essere, in realtà, un'arma significativa a disposizione dei medici di medicina generale con l'indubbio vantaggio di contrarre il peso relativo dell'assistenza ospedaliera e di favorire il parallelo sviluppo dell'assistenza specialistica e della diagnostica ambulatoriale. L'accesso a distanza, in casi di solo controllo e sorveglianza e non di erogazione, può dare grandi benefici di prevenzione, come dimostrato negli ultimi anni da diverse sperimentazioni, ove sistemi di monitoraggio dispiegati presso malati cronici sono in grado di avvisare eventuali anomalie di stato e di condizione fisica, consentendo ritorni sia economici che di fiducia del cittadino.

Sono, infine, da non trascurare i vantaggi che l'ICT potrebbe apportare nell'ambito della formazione con gli strumenti dell'*eLearning* e del *knowledge management,* sia nei confronti della categoria dei MMG, a cui una maggior esperienza nell'uso dell'ICT permetterebbe di accrescere ulteriormente l'azione professionale, sia, e forse ancor più, nei confronti degli addetti (segreterie e personale di supporto in generale), che coadiuvano il medico nella sua operatività.

L'accesso ai servizi innovativi in rete veicolati dalle tecnologie porta, quindi, nuovi modelli e potenzialità al Sistema Sanitario e ai suoi principali utilizzatori, ma presuppone da parte di quest'ultimi, i cittadini/pazienti, una conoscenza e un riconoscimento di affidabilità per i quali l'azione di intermediari credibili assume un valore significativo. MMG/PLS (e con loro altre categorie a contatto diretto con il cittadino quali le farmacie e gli infermieri dell'assistenza domiciliare) rappresentano, da questo punto di vista, un ponte ottimale e fidato per favorire l'accesso ai nuovi servizi ai cittadini più deboli.

2. NORMATIVA NELLA SANITA' ELETTRONICA

Il concetto di telemedicina si è sviluppato a partire dal 1975, fino ad assumere il significato più ampio di particolare modalità di erogazione dell'assistenza sanitaria da parte delle istituzioni presenti sul territorio per fornire i servizi di diagnosi ed assistenza medica in maniera integrata. Ciò ha permesso di superare i vincoli della distribuzione territoriale delle competenze, della distanza tra esperto ed utente e della frammentazione temporale dell'intervento sul singolo assistito.

La Cardiologia è forse la branca medica dove l'applicazione della telemedicina è la più sviluppata in termini di una metodologia facile da seguire e della disponibilità di apparati molto affidabili. Il Centro di Telecardiologia (CTC), dove operano cardiologi specializzati, riceve i segnali ECG trasmessi dai Reparti, via LAN/WAN, o dalle Ambulanze, tramite GSM, e in pochi minuti il Cardiologo prepara un referto e lo trasmette al richiedente.

Gli esempi più importanti di progetti di telemedicina giungono da quelle Regioni dove la telemedicina è una risorsa indispensabile data la lontananza dai Centri Medici Specialistici, e quindi diventa occasione di integrazione fra territori distanti tra loro e poco raggiungibili.

Un esempio per tutti è l'esplosione della Teleradiologia in territori quali quello calabrese, piuttosto che trentino o molisano, dove l'olografia del territorio, i problemi di viabilità, la difficile raggiungibilità di alcuni centri urbani, la poca disponibilità di personale Medico Specializzato, rende necessario la messa in rete di risorse tecnologiche e umane, con la creazione di centri stella per la refertazione a distanza.

Infine, il piano d'azione Europeo Sanità Elettronica[3], del 30 aprile 2004, s'inserisce nella strategia definita dal piano d'azione *eEurope* dell'Unione Europea (UE), la cui

---

[3] http://eur-lex.europa.eu/LexUriServ/LexUriServ.do?uri=COM:2004:0356:FIN:IT:DOC

finalità è consentire a tutti i cittadini europei di fruire dei vantaggi offerti dalla società dell'informazione.

Obiettivo principale del piano è permettere ai Paesi della UE di sfruttare il potenziale dei sistemi e dei servizi della sanità in rete nell'ambito di uno spazio europeo della sanità elettronica.

Il piano d'azione propone che ogni Stato membro debba stabilire, a livello nazionale o regionale, una tabella di marcia per la sanità elettronica, nel rispetto della *privacy* del malato.

Questa scelta è stata il motore propulsore del dilagare dei Sistemi Informativi a tutti i livelli, nel pubblico come nel privato, e soprattutto nella Pubblica Amministrazione, dove la dematerializzazione (Provvedimento 26.11.2009 del Garante Privacy, "Dematerializzazione della documentazione clinica") è stata vista come un momento di rinnovamento, ottimizzazione e risparmio.

L'art. 47 della Legge 35/2012 istituisce la cabina di regia per il perseguimento degli obiettivi fissati dall'**Agenda Digitale Italiana,** in particolare:

a) realizzazione delle infrastrutture tecnologiche e immateriali al servizio delle "comunità intelligenti" (*smart communities*), finalizzate a soddisfare la crescente domanda di servizi digitali in settori quali la mobilità, il risparmio energetico, il sistema educativo, la sicurezza, la **sanità,** i servizi sociali e la cultura;

b) promozione del paradigma dei dati aperti (*open data*) quale modello di valorizzazione del patrimonio informativo pubblico, al fine di creare strumenti e servizi innovativi;

c) potenziamento delle applicazioni di amministrazione digitale (*e-government*) per il miglioramento dei servizi ai cittadini e alle imprese, per favorire la partecipazione attiva degli stessi alla vita pubblica e per realizzare un'amministrazione aperta e trasparente;

d) promozione della diffusione e del controllo di architetture di *cloud computing* per le attività e i servizi delle pubbliche amministrazioni;

e) utilizzazione degli acquisti pubblici innovativi e degli appalti pre-commerciali al fine di stimolare la domanda di beni e servizi innovativi basati su tecnologie digitali;

f) infrastrutturazione per favorire l'accesso alla rete *internet* in grandi spazi pubblici collettivi quali scuole, università, spazi urbani e locali pubblici in genere; [....]

La informatizzazione e digitalizzazione dei servizi sanitari, però, si trascina dietro problematiche di tipo medico-legali non irrilevanti.

Ogni volta che i dati sensibili relativi ad un paziente vengono creati, aggiornati, modificati, copiati, trasferiti, archiviati o distrutti, la sicurezza di queste operazioni deve essere di importanza primaria.

Le informazioni devono essere utilizzate in maniera corretta e non trasferite su canali di comunicazione non sicuri.

La sicurezza del paziente e degli operatori professionali autorizzati alla gestione di questi dati deve essere garantita in due grandi ambiti:

1) la sicurezza dei dispositivi medici, per tutto ciò che riguarda gli strumenti stessi e in particolare l'interfaccia uomo-macchina;

2) la sicurezza delle informazioni stesse che vengono create, trasmesse e ricevute.

L'aspetto della regolamentazione include le normative preesistenti (codice deontologico professionale, codice civile e penale) e nuove regole che intervengono in particolare per la gestione e conservazione delle informazioni codificate elettronicamente.

Il quadro normativo attuale sottolinea la necessità assoluta di attuare tutti gli accorgimenti per garantire la *privacy* dei dati medici sensibili, sia al momento della loro consultazione, sia al momento del trasferimento o dell'archiviazione. È indispensabile che tutti gli attori partecipanti nei sistemi di informazione sanitaria, professionisti della salute, amministrativi, dirigenti, *leader* delle piattaforme di servizi, fornitori e *partner* industriali, partecipino al mantenimento di un livello di riservatezza che protegga le informazioni dei pazienti da usi non desiderati.

Nell'ambito della sicurezza dei dati è utile per comprendere le problematiche legate alla sicurezza in ambito medico introdurre alcune definizioni:

✓ La **privacy** è la capacità di un singolo di controllare l'uso e la diffusione di informazioni che si riferiscono a sé stesso.

✓ La **riservatezza** (o confidenzialità) è uno strumento di tutela della *privacy*. Alle informazioni sensibili è riconosciuto un carattere riservato che richiede specifici controlli severi, comprese le limitazioni dell'accesso e la divulgazione. Questi controlli devono essere rispettati da tutti coloro che vengono in contatto con le informazioni.

✓ La **sicurezza** (*security*) è l'insieme di tutte le garanzie e tecniche in un sistema informatizzato. La sicurezza protegge il sistema e le informazioni in esso contenute da accesso non autorizzato, utilizzo improprio o danno accidentale.

L'informazione trasferita in telemedicina tipicamente proviene da un trasferimento tra il sistema sul territorio ed i consulenti che si occupano di refertare e trattare i dati trasmessi.

2.1 La Rete

In maniera molto sommaria un Sistema Informativo Sanitario è composto da:

✓ **Infrastruttura**: è l'insieme delle **dotazioni tecnologiche** (computer, reti fisiche di comunicazione ed ogni altro tipo di dispositivo hardware) e dei **servizi software di base**:

   o Sistemi operativi
   o Protocolli di comunicazione

o Servizi *software* comuni: ad es. criptatura, identificazione sicura (firma elettronica), anagrafi (assistiti, operatori, strutture)

✓ **Dati, informazioni, conoscenze**: sono talvolta usati come sinonimi, ma conviene fare una distinzione;

✓ **Processi**: è il termine collettivo con cui si designano tutte le attività di produzione ed utilizzo di dati/informazioni/conoscenze considerate all'interno di un SI, e vengono spesso classificati come

o *Amministrativi*
o *Clinici*
o *Direzionali*
o *Informativi*

Per garantire l'integrazione e la comunicazione tra le diverse componenti del *network* o infrastruttura IT è necessario disporre di una rete dati locale/intraospedaliera **LAN** (*Local Area Network*), che prelevi ed instradi capillarmente e rapidamente le informazioni dove necessario (ad esempio, in un servizio di Teleradiologia le richieste di prenotazioni dai PC dei reparti alla radiologia, i radiogrammi dai sistemi diagnostici all'archivio e dall'archivio alle workstation di refertazione, i referti dalle workstation di refertazione all'archivio e, in risposta, ai PC dei reparti,...), valutare i dati che il sistema-rete deve processare, il diverso formato di dati da gestire, e introdurre un formato standard sia per le immagini che per il protocollo di comunicazione. Se poi è prevista l'integrazioe anche con altri Presidi è necessario realizzare una WAN (*Wide Area Network*), cioè una serie di *router* che instradano i nostri dati su rotte prestabilite, raggiungendo i PC delle varie LAN aziendali attraverso dei *firewall*, che regolano gli accessi controllando gli indirizzi fisici IP di ogni singola apparecchiatura e permettono solo agli utenti che hanno le dovute credenziali di accedervi. Fin qui le misure di minima.
Un tale flusso di lavoro richiede:

✓ **Dimensionamento di banda** → in relazione al traffico generato dal sistema;

✓ **Affidabilità** → ridondanza di percorsi di connessione e di apparati attivi di rete;

✓ **Sicurezza** → rispetto alle violazioni dall'interno e alle intrusioni illecite dall'esterno;

✓ **Gestibilità** → possibilità di configurare la rete secondo le proprie necessità;

✓ **Manutenzione** → capacità di identificare, confinare e risolvere i problemi;

✓ **Scalabilità** → possibilità di estendere la rete secondo le crescenti esigenze;

✓ **Conformità agli standard** → DICOM, HL7, …

In ogni rete di grandi dimensioni WAN, è individuabile una **sezione di accesso**, che dà vita alla *rete di accesso*, ed una **sezione di trasporto**, che dà vita alla rete di trasporto.

La **sezione di accesso** ha lo scopo di consentire l'accesso alla rete da parte dell'utente. La sezione di accesso altresì comprende tutti quegli strumenti idonei a consentire l'accesso alla rete. Quindi possiamo distinguere vari tipi di accesso: "Residenziale" (Classica linea a 56Kbit/s, linea ISDN/ADSL), "Business" (Rete Locale dell'Azienda e Gateway o Proxy che consente l'accesso all'esterno), "Mobile" (si pensi ad esempio al GSM, che consente un accesso basato su una rete a radiofrequenza con copertura "cellulare"), o "Wireless".

La **sezione di trasporto** è quella che ha il compito di trasferire l'informazione tra vari nodi di accesso, utilizzando se è necessario anche nodi di transito. È sede quindi di risorse *condivise* sia di trasporto dati sia di elaborazione. Dal punto di vista strutturale, una rete di trasporto è costruita quasi esclusivamente attraverso fibre ottiche (es. Backbone).

Gli *standard de iure e de facto* aiutano a gestire le reti aziendali multiprotocollo. I più importanti enti di standardizzazione per le reti di computer sono: *CCITT, ITU, ISO, ANSI e IEEE.*

Le principali componenti *hardware* detti anche dispositivi di rete sono:

✓ L' **Hub**, è un dispositivo che inoltra i dati in arrivo da una qualsiasi delle sue porte su tutte le altre, cioè in maniera diffusiva (*broadcasting*). Per questa ragione può essere definito anche un "ripetitore multiporta"

✓ Il **Bridge**, (letteralmente *ponte*) è un dispositivo di rete che si colloca al livello *datalink* del modello ISO/OSI e che traduce da un mezzo fisico ad un altro all'interno di una stessa rete locale. Esso è quindi in grado di riconoscere, nei segnali elettrici che riceve dal mezzo trasmissivo, dei dati organizzati in strutture dette trame (in inglese *frame*), di individuare all'interno di esse l'indirizzo del nodo mittente e quello del nodo destinatario e in base a questi operare un indirizzamento dei pacchetti tra più segmenti di rete ad esso interconnessi.

✓ Lo **Switch**, (<u>inglese</u> '*swit*f; *commutatore*) è un dispositivo di rete o nodo interno di rete che si occupa di commutazione a livello 2, cioè livello *datalink* del modello ISO/OSI, cioè di indirizzamento e instradamento all'interno di reti locali attraverso indirizzi MAC, inoltrando selettivamente i frame ricevuti verso una porta di uscita cioè verso un preciso destinatario grazie a una corrispondenza univoca porta-indirizzo. Si differenzia dal *router* che instrada invece a livello 3 (*internetworking*) interconnettendo più reti locali attraverso il protocollo IP e dall'*hub* che invece è solamente un ripetitore multiporta di strato fisico, ovvero diffusivo, senza indirizzamento, mentre il suo comportamento è analogo a quello del *bridge*. Lo *switch* attraverso l'instradamento è in grado di ridurre quindi il cosiddetto dominio di collisione presente nelle reti locali *broadcast* in maniera più efficiente rispetto al bridge.

✓ Il **Router**, è un dispositivo elettronico che, in una rete informatica a commutazione di pacchetto, si occupa di instradare i dati, suddivisi in pacchetti, fra reti diverse. È quindi, a livello logico, un nodo interno di rete deputato alla commutazione di livello 3 del modello OSI o del *livello internet* nel modello TCP/IP. L'instradamento può avvenire verso reti direttamente connesse, su interfacce fisiche distinte, oppure verso altre sottoreti non limitrofe che, grazie alle informazioni contenute nelle *tabelle di instradamento*, siano raggiungibili attraverso altri nodi della rete. Il tipo di indirizzamento operato è detto *indiretto* contrapposto invece all'*indirizzamento diretto* tipico del trasporto all'interno delle sottoreti. Esso può essere visto dunque come un dispositivo di interfacciamento tra diverse sottoreti eterogenee e non, permettendone la interoperabilità (*internetworking*) a livello di indirizzamento.

✓ Il **Server**, (dall'inglese, letteralmente *servitore*), indica genericamente un componente o sottosistema informatico che fornisce, a livello logico e a livello fisico, un qualunque tipo di servizio ad altre componenti (tipicamente chiamate *client*, cioè "cliente") attraverso una rete di computer, all'interno di un sistema informatico o direttamente in locale su un computer. Rappresenta dunque un nodo terminale della rete opposto all'*host client*. In parole semplici si tratta di un *Computer* o di un programma che fornisce i dati richiesti da altri elaboratori, facendo quindi da *Host* per la trasmissione delle informazioni virtuali. Al termine *server*, così come per il termine *client*, possono dunque riferirsi sia la componente *hardware* che la componente *software* che forniscono le funzionalità o servizi di cui sopra. La macchina *hardware server* si dice anche capace di offrire risorse in termini di servizio al client che ne fa domanda/richiesta. Esso fa parte dunque dell'architettura logica di rete a livello applicativo detta client-server

✓ Il **Firewall**, (termine inglese dal significato originario di *parete refrattaria*, *muro tagliafuoco*, *muro ignifugo*; in italiano anche *parafuoco* o *parafiamma*) è un componente passivo di difesa perimetrale di una rete informatica, che può anche svolgere funzioni di collegamento tra due o più tronconi di rete, garantendo dunque una protezione in termini di sicurezza informatica della rete stessa. Usualmente la rete viene divisa in due sottoreti: una, detta esterna, comprende l'intera Internet mentre l'altra interna, detta LAN (Local Area Network), comprende una sezione più o meno grande di un insieme di computer *host* locali. In alcuni casi è possibile che si crei l'esigenza di creare una terza sottorete detta DMZ (o zona demilitarizzata) adatta a contenere quei sistemi che devono essere

31

isolati dalla rete interna, ma che devono comunque essere protetti dal firewall ed essere raggiungibili dall'esterno (server pubblici).

✓ Il *Cablaggio*, è l'insieme dei collegamenti e impianti fisici (cavi, connettori, permutatori, infrastrutture di supporto) che permettono l'interconnessione a livello di rete locale, tipicamente nell'ambito di un edificio o un gruppo di edifici, di:

o terminali telefonici ovvero telefoni attraverso linee telefoniche dirette verso un centralino telefonico dell'edificio;

o terminali (host) di rete sotto forma di una rete di calcolatori interna (LAN);

o apparecchiature elettriche allacciate, attraverso un <u>impianto elettrico</u>, alla <u>rete elettrica</u> esterna.

Ognuna di queste infrastrutture di rete locali possiede debite differenze tecniche e tecnologiche di interconnessione.

Le caratteristiche elettriche, le lunghezze dei cavi e dei connettori impiegati influenzano le tipologie di reti locali realizzabili.

2.2 SPC

Il **Sistema Pubblico di Connettività** (SPC) è la rete che collega tra loro tutte le pubbliche amministrazioni italiane, consentendo loro di condividere e scambiare dati e risorse informative.

È stato istituito e disciplinato dal Decreto legislativo del 28 febbraio 2005, n. 42, confluito a sua volta nel Codice dell'Amministrazione Digitale ed è gestito da DigitPA Esso viene definito come: «l'insieme di infrastrutture tecnologiche e di regole tecniche per lo sviluppo, la condivisione, l'integrazione e la diffusione del patrimonio informativo e dei dati della pubblica amministrazione, necessarie per assicurare l'interoperabilità di base ed evoluta e la cooperazione applicativa dei sistemi informatici e dei flussi informativi, garantendo la sicurezza, la riservatezza delle informazioni, nonché la salvaguardia e l'autonomia del patrimonio informativo di ciascuna pubblica amministrazione.»

L'obiettivo di questo Sistema è quello di:

- Fornire un insieme di servizi di connettività condivisi dalle Pubbliche Amministrazioni PA interconnesse, graduabili in modo da poter soddisfare le differenti esigenze.

- Garantire l'interazione della PA centrale e locale con tutti gli altri soggetti connessi a internet, nonché con le reti di altri enti, promuovendo l'erogazione di servizi di qualità per cittadini e imprese.

- Fornire un'infrastruttura condivisa di interscambio che consenta l'interoperabilità tra tutte le reti delle PA esistenti.

- Fornire servizi di connettività e cooperazione alle PA che ne facciano richiesta, per permettere l'interconnessione delle proprie sedi e realizzare così anche l'infrastruttura interna di comunicazione.

- Realizzare un modello di fornitura dei servizi multifornitore coerente con l'attuale situazione di mercato e le dimensioni del progetto stesso.

- Garantire lo sviluppo dei sistemi informatici nell'ambito del SPC salvaguardando la sicurezza dei dati, la riservatezza delle informazioni, nel rispetto dell'autonomia del patrimonio informativo delle singole amministrazioni.

La componente di coordinamento centrale della gestione della sicurezza nel Sistema Pubblico di Connettività in via preventiva è svolta dal CERT-SPC. Le Unità Locali di Sicurezza (ULS) istituite presso i domini connessi ad SPC, ovvero le Pubbliche Amministrazioni, unitamente ai SOC (*Security Operation Center*) dei fornitori di accesso alla Rete federata SPC (Fastweb, Telecom, Wind e BT) sovrintendono alla gestione operativa e continuativa degli incidenti informatici. Fino al 2009 nel modello di gestione della sicurezza in SPC era previsto anche un Centro di Gestione che attualmente ha cessato la propria attività ed i cui compiti sono trasferiti ai SOC.

2.3 I Dati

I dati gestiti sui Sistemi Informativi sanitari sono dati riguardanti i pazienti, i medici, le terapie, gli esami di laboratorio, ecc. ecc., una serie di informazioni sulle entità del mondo reale che devono essere gestite.

I dati possono essere classificati in:

✓ *Dati anagrafici* (nome, cognome, codice, fiscale etc. . . .)
✓ *Dati di stato* (diagnosi, terapia corrente, etc. . . .)
✓ *Dati sugli eventi* (esame diagnostici, cambiamento di terapia, interventi chirurgici, etc...)

e le operazioni che è possibile eseguire su di essi sono le seguenti:

➢ Creazione di un nuovo dato (*Create*)
➢ Lettura di un dato esistente (*Read*)
➢ Modifica di un dato esistente (*Update*)
➢ Cancellazione di un dato (*Delete*)

Secondo la normativa vigente, il D.lgs n°196 del 30 giugno 2003, si definiscono **dati sensibili** "i dati personali idonei a rivelare l'origine razziale ed etnica, le convinzioni religiose, filosofiche o di altro genere, le opinioni politiche, l'adesione a partiti, sindacati, associazioni od organizzazioni a carattere religioso, filosofico, politico o sindacale, nonché i dati personali idonei a rivelare lo stato di salute e la vita sessuale".

Tali dati devono essere trattati in modo lecito e secondo correttezza, raccolti e registrati per scopi determinati, espliciti e legittimi, esatti e, se necessario, aggiornati, pertinenti, completi e non eccedenti rispetto alle finalità per le quali sono raccolti o successivamente trattati, conservati in una forma che consenta l'identificazione dell'interessato per un periodo di tempo non superiore a quello necessario agli scopi per i quali essi sono stati raccolti o successivamente trattati (Dlg 196/03, Art. 11).

Il legislatore dunque, attraverso quello che in gergo è chiamato il "Codice sulla *Privacy*", dà una serie di indicazioni precise sull'uso che legittimamente si può fare di questi dati, obbligando l'utilizzatore a criteri di sicurezza per "ridurre al minimo, mediante l'adozione di idonee e preventive misure di sicurezza, i rischi di distruzione o perdita, anche accidentale, dei dati stessi, di accesso non autorizzato o di trattamento non consentito o non conforme alle finalità della raccolta" (Dlg 196/03, Art. 33).

Quanto indicato dal Dlg 196/03, deve poi essere contestualizzato nell'applicazione routinaria delle indicazioni del Legislatore sull'informatizzazione dei servizi al cittadino/paziente. Fra tutti i due servizi fondamentali nell'assistenza sanitaria dell'era della IT sono:

❖ **La Cartella Clinica Elettronica**

La legge di conversione, 4 aprile 2012 n. 35, del decreto-legge 9 febbraio 2012, n. 5, recante "Disposizioni urgenti in materia di semplificazione e di sviluppo" *(GU n.82 del 6-4-2012 - Suppl. Ordinario n. 69)*, dispone:

− Art. 47 - *bis (Semplificazione in materia di sanità digitale)* "Nei limiti delle risorse umane, strumentali e finanziarie disponibili a legislazione vigente, nei piani di sanità nazionali e regionali **si privilegia la gestione elettronica delle pratiche cliniche**, attraverso l'utilizzo della **cartella clinica elettronica**, così come i **sistemi di prenotazione elettronica** per l'accesso alle strutture da parte dei cittadini <u>con la finalità di ottenere vantaggi in termini di accessibilità e contenimento dei costi, senza nuovi o maggiori oneri per la finanza pubblica</u>".

❖ **Il Fascicolo Sanitario Elettronico**

Il Dl 18 ottobre 2012, n. 179, "Ulteriori misure urgenti per la crescita del Paese" definisce

– Art. 12 - Il Fascicolo Sanitario Elettronico (FSE) è l'insieme dei dati e dei documenti digitali di tipo sanitario e sociosanitario generati da eventi clinici presenti e trascorsi, riguardanti l'assistito. Il FSE è istituito dalle regioni e province autonome, nel rispetto della normativa vigente in materia di protezione dei dati personali, a fini di: prevenzione, diagnosi, cura e riabilitazione; studio e ricerca scientifica in campo medico, biomedico ed epidemiologico; programmazione sanitaria, verifica delle qualità delle cure e valutazione dell'assistenza sanitaria. Il FSE è alimentato in maniera continuativa, senza ulteriori oneri per la finanza pubblica, dai soggetti che prendono in cura l'assistito nell'ambito del Servizio sanitario nazionale e dei servizi socio-sanitari regionali, nonché, su richiesta del cittadino, con i dati medici in possesso dello stesso."

È interessante come al comma 5 dell'Art.12 del decreto Legge del 18 ottobre 2012, n. 179, il legislatore sottolinei "La consultazione dei dati e documenti presenti nel FSE di cui al comma 1, per le finalità di cui alla lettera *a)* del comma 2, può essere realizzata soltanto con il consenso dell'assistito e sempre nel rispetto del segreto professionale, salvo i casi di emergenza sanitaria secondo modalità individuate a riguardo. Il mancato consenso non pregiudica il diritto all'erogazione della prestazione sanitaria.", manifestando da un lato l'alto rispetto dell'autodeterminazione del paziente, dall'altro l'interesse alla cura dell'assistito.

In merito invece alla cartella clinica, che costituisce uno strumento informativo individuale finalizzato a rilevare tutte le informazioni anagrafiche e cliniche rilevanti riguardanti un paziente: le generalità complete, la diagnosi di entrata, l'anamnesi familiare e personale, l'esame obiettivo, gli esami di laboratorio e specialistici, la diagnosi, la terapia, gli esiti e i postumi, in ordine alla conservazione della stessa rileva la circolare del Ministero della salute n. 61 del 19 dicembre 1986 in cui si stabilisce che le cartelle cliniche, unitamente ai referti, vanno conservate illimitatamente, poiché rappresentano un atto ufficiale indispensabile a garantire la certeza del diritto oltre a costituire preziosa fonte documentaria per le ricerche di carattere storico-sanitario.

2.4 Crittografia, *Watermarking* e Firma Digitale

I requisiti per un sistema sicuro di scambio di documenti elettronici sono:

✓ **Consenso** il mittente deve esprimere consenso sul contenuto.

✓ **Paternità** la paternità di un documento digitale deve essere garantita.

✓ **Integrità** il messaggio non deve essere contraffatto dagli altri utenti incluso il destinatario.

✓ **Autenticità** il destinatario possa verificare l'identità del mittente.

✓ **Segretezza** gli interlocutori siano in grado di scambiare documenti senza che nessuno all'infuori di loro due sia in grado di leggerli.

Questi requisiti possono essere ottenuti con **sistemi di crittografia**. Gli algoritmi di crittografia possono essere di due tipi: a chiave simmetrica e chiave asimmetrica.

Negli algoritmi a chiave simmetrica il messaggio scambiato tra i due interlocutori viene codificato mediante un codice (chiave) che è noto ad entrambi e solo ad essi.

Negli algoritmi a chiave asimmetrica vengono usate due chiavi: una chiave pubblica ed una privata. La chiave pubblica è nota a tutti mentre la chiave privata è nota solo al suo possessore. Un messaggio codificato con la chiave pubblica può essere decodificato solo con la chiave privata.

Il termine inglese *watermark* (in italiano "filigrana") si riferisce all'inclusione di informazioni all'interno di un *file* di dati, principalmente allo scopo di specificarne l'autore o lo *status* in termini di *copyright*. Tali indicazioni possono essere evidenti per l'utente del *file* (per esempio nel caso di una indicazione di dati applicata in sovraimpressione su un'immagine digitale) o latenti (nascoste all'interno del *file*); in quest'ultimo caso il *watermarking* può essere considerato una forma di cifratura.

Già nella letteratura greca classica, infatti, si affronta il problema di comunicare informazioni che non possano essere captate da terzi.

L'idea di una filigrana digitale fu sviluppata nel 1990 da diversi gruppi di ricerca che coniarono il termine *watermark*, e nella seconda metà del decennio, trovò grande applicazione. L'idea del *watermarking* è la seguente: chiunque acceda al dato (in questo caso, un esame radiologico), anche per scopi non legali, non è in grado di eliminare alcuni campi di informazione annidati all'interno del dato che lo datano, autenticano e permettono di ricostruire gli utenti che l'hanno utilizzato.

Il *watermark* può essere visibile a tutti (*visible watermark*) oppure nascosto all'utente non autorizzato del file.

Il principio del *watermarking* può essere applicato a qualsiasi tipo di dato e i suoi requisiti possono essere riassunti come segue:

- Deve contenere quanti più dati possibile, quindi deve avere un alto *data rate*;
- Il *watermark* è preferibilmente segreto e dovrebbe essere accessibile solo da utenti autorizzati. Questo scopo viene raggiunto con l'utilizzo di chiavi crittografiche che cifrano l'informazione di watermarking;
- Il *watermark* deve essere robusto, cioè in grado di resistere a tutti gli attacchi che utenti non autorizzati possono portare;
- In applicazioni ad alto requisito di sicurezza, il *watermarking* deve essere in grado di raccogliere informazioni sugli utenti che hanno utilizzato il dato.

La **Firma Digitale** è una procedura simile al meccanismo della chiave pubblica e privata della crittografia, che garantisce l'autenticità e l'integrità di messaggi e documenti scambiati e archiviati con mezzi informatici. È il risultato di una procedura informatica che comprende operazioni sul documento da garantire; essa corrisponde in tutto e per tutto alla firma autografa per i documenti tradizionali. La differenza tra firma autografa e firma digitale è che la prima è legata alla grafia della persona fisica, mentre la seconda al possesso di uno strumento informatico.

La firma digitate permette di garantire:

- **Autenticità:** con un documento firmato digitalmente si può essere certi dell'identità del sottoscrittore;

- **Integrità:** sicurezza che il documento informatico, il fatto cioè che neanche un bit del documento firmato sia stato modificato;

- Non è stato modificato dopo la sua sottoscrizione;

- **Validità legale:** il documento informatico sottoscritto con firma digitale, ha piena validità legale; come ha l'efficacia prevista dall'articolo 2702 del codice civile.

La firma digitale utilizza le cosiddette funzioni di *hash* che permettono di generare un'impronta digitale che identifica univocamente il messaggio di partenza. A partire da un messaggio di dimensione arbitraria creano un *output* di lunghezza fissa (**DIGEST**) diverso per ogni messaggio, un codice identificativo del documento che nessun altro documento può avere. A partire da questo DIGEST e da un identificativo segreto che viene assegnato all'utente (chiave privata) viene calcolata la firma digitale che viene aggiunta al messaggio.

In fase di ricezione l'utente separa il messaggio dalla firma, calcola poi l'*hash* della firma utilizzando una chiave compatibile con quella del mittente ma resa pubblica (chiave pubblica), e verifica se i due *hash* corrispondono. In caso positivo, il messaggio è accettato. In caso negativo, viene respinto perché non integro. Se è necessaria la riservatezza, il messaggio viene cifrato con chiave privata e il destinatario riesce a decifrarlo previo scambio di chiavi private appositamente create con il mittente (chiave simmetrica).

Il principale requisito della firma digitale è la presenza di una autorità esterna che certifichi e verifichi che le chiavi siano segrete e le distribuisca agli utenti in modo assolutamente sicuro. Il principio è lo stesso dei documenti di identità: una autorità emette un documento di identità con le caratteristiche della persona che viene firmato da un addetto dell'autorità; un certificato digitale è un documento elettronico con chiave pubblica che identifica univoca mente l'identità del soggetto con firma digitale privata dell'autorità.

2.5 I Sistemi di Archiviazione

Quanto precedentemente detto in merito ai referti e alla cartella clinica, è un esempio di come tutta la documentazione prodotta nella Pubblica Amministrazione, e in modo particolare la documentazione sanitaria, necessita di sistemi di archiviazione che tutelino i dati da eventuali danneggiamenti o distruzione. Ci viene in soccorso quanto indicato dal **Codice dell'Amministrazione Digitale, CAD** - Decreto Legislativo 7 marzo 2005, n. 82, modificato ed integrato dal Decreto Legge 18 ottobre 2012 n. 179, convertito con modificazioni dalla L. 17 dicembre 2012, n. 221, secondo cui (Art. 43) la documentazione riprodotta su supporti informatici è valida e rilevante a tutti gli effetti di legge, purché la riproduzione e la conservazione nel tempo siano effettuate in modo da garantire la conformità dei documenti agli originali. In particolare i sistemi di conservazione dei documenti informatici devono assicurare (Art 44 - CAD):

a) l'identificazione certa del soggetto che ha formato il documento e dell'amministrazione o dell'area organizzativa omogenea di riferimento di cui all'articolo 50, comma 4, del decreto del Presidente della Repubblica 28 dicembre 2000, n. 445 ;
b) l'integrità del documento;
c) la leggibilità e l'agevole reperibilità dei documenti e delle informazioni identificative, inclusi i dati di registrazione e di classificazione originari;
d) il rispetto delle misure di sicurezza previste dagli articoli da 31 a 36 del decreto legislativo 30 giugno 2003, n. 196 , e dal disciplinare tecnico pubblicato in allegato B a tale decreto.

Il sistema di conservazione dei documenti informatici è gestito da un *Responsabile della conservazione* che opera d'intesa con il responsabile del trattamento dei dati personali e, ove previsto, con il responsabile del servizio per la tenuta del protocollo informatico, della gestione dei flussi documentali e degli archivi, di cui all'articolo 61 del decreto del Presidente della Repubblica 28 dicembre 2000, n. 445.

In relazione all'ampio uso della IT in tutti i settori del Sistema Sanitario, da quello amministrativo a quello medico, per poter affrontare situazioni di down time, prevedibili o imprevedibili, è opportuno predisporre adeguati piani di emergenza in grado di assicurare la continuità delle operazioni indispensabili per il servizio e il ritorno alla normale operatività.

A tali fini, secondo l'Art. 50 *bis* del CAD, le pubbliche amministrazioni definiscono:

> ➢ il **piano di continuità operativa**, che fissa gli obiettivi e i principi da perseguire, descrive le procedure per la gestione della continuità operativa, anche affidate a soggetti esterni. Il piano tiene conto delle potenziali criticità relative a risorse umane, strutturali, tecnologiche e contiene idonee misure preventive. Le amministrazioni pubbliche verificano la funzionalità del piano di continuità operativa con cadenza biennale;

> ➢ il piano di *Disaster Recovery*, che costituisce parte integrante di quello di continuità operativa di cui alla lettera a) e stabilisce le misure tecniche e organizzative per garantire il funzionamento dei centri di elaborazione dati e delle procedure informatiche rilevanti in siti alternativi a quelli di produzione. DigitPA, sentito il Garante per la protezione dei dati personali, definisce le linee guida per le soluzioni tecniche idonee a garantire la salvaguardia dei dati e delle applicazioni informatiche, verifica annualmente il costante aggiornamento dei piani di *disaster recovery* delle amministrazioni interessate e ne informa annualmente il Ministro per la pubblica amministrazione e l'innovazione.

Questi piani di sicurezza informatica nascono da studi di fattibilità tecnica e sono concordati con il DigitPA, un Ente pubblico non economico con competenze nel settore delle Tecnologie ICT nell'ambito della Pubblica Amministrazione. Il DigitPA opera secondo le Direttive per l'attuazione delle politiche e sotto la vigilanza della Presidenza del Consiglio dei Ministri, raccorda le iniziative di prevenzione e gestione degli incidenti di sicurezza informatici, promuove intese con le analoghe strutture internazionali.

Tutte le tecniche finalizzate alla sicurezza nella gestione conservazione dei dati sensibili "sono dettate, con decreti del Presidente del Consiglio dei Ministri o del Ministro delegato per la pubblica amministrazione e l'innovazione, di concerto con i Ministri competenti, sentita la Conferenza unificata di cui all'articolo 8 del decreto legislativo 28 agosto 1997, n. 281 , ed il Garante per la protezione dei dati personali nelle materie di competenza, previa acquisizione obbligatoria del parere tecnico di DigitPA" (Art. 71 – CAD) in conformità ai requisiti tecnici di accessibilità di cui all'articolo 11 della legge 9 gennaio 2004, n. 4, alle discipline risultanti dal processo di standardizzazione tecnologica a livello internazionale ed alle normative dell'Unione europea.

2.6 Gli Utilizzatori del Sistema

Gli utilizzatori dei sistemi informatici vengono definiti secondo profili legati alle loro attività e a cui vengono date credenziali di riconoscimento personalizzate per l'accesso a tali servizi.

Gli utenti di un *database* possono essere distinti in:

✓ **Amministratore di Sistema o Database Administrator** E' il professionista che vigila sulla conservazione dei dati, sull'adozione delle misure di sicurezza per ridurre al minimo i rischi di distruzione, perdita, accesso non autorizzato o non consentito o non conforme alle finalità della raccolta, che provvede all'aggiornamento e allineamento dei dati negli archivi, non appena venga a conoscenza dell'inesattezza degli stessi, è responsabile del controllo centralizzato e della gestione del sistema, delle prestazioni, dell'affidabilità, delle autorizzazioni.

✓ **Utenti finali** Sono gli utenti quotidiani del sistema. Di norma essi hanno diritti di accesso ai dati limitati e vengono identificati mediante *username* e *password*.

Il Dlg 196/03 in termini di Responsabilità nel trattamento dei dati distingue:

- Il **Titolare del Trattamento** – "Quando il trattamento è effettuato da una persona giuridica, da una pubblica amministrazione o da un qualsiasi altro ente, associazione od organismo, titolare del trattamento è l'entità nel suo complesso o l'unità od organismo periferico che esercita un potere decisionale del tutto autonomo sulle finalità e sulle modalità del trattamento, ivi compreso il profilo della sicurezza" (Art. 28)

- Il **Responsabile del Trattamento** – "Il responsabile è designato dal titolare facoltativamente. Se designato, il responsabile è individuato tra soggetti che per esperienza, capacità ed affidabilità forniscano idonea garanzia del pieno rispetto delle vigenti disposizioni in materia di trattamento, ivi compreso il profilo relativo alla sicurezza. Ove necessario per esigenze organizzative, possono essere designati responsabili più soggetti, anche mediante suddivisione di compiti. I compiti affidati al responsabile sono analiticamente specificati per iscritto dal titolare. Il responsabile effettua il trattamento attenendosi alle istruzioni impartite dal titolare il quale, anche tramite verifiche periodiche, vigila sulla puntuale osservanza delle disposizioni di cui al comma 2 e delle proprie istruzioni" (Art. 29)

- L'**Incaricato del Trattamento** – " Le operazioni di trattamento possono essere effettuate solo da incaricati che operano sotto la diretta autorità del titolare o del responsabile, attenendosi alle istruzioni impartite. La designazione è effettuata per iscritto e individua puntualmente l'ambito del trattamento consentito. Si considera tale anche la documentata preposizione della persona fisica ad una unità per la quale è individuato, per iscritto, l'ambito del trattamento consentito agli addetti all'unità medesima." (Art. 30)

Oltre a designare gli incaricati del trattamento è importante renderli edotti in merito alla responsabilità legata all'uso di una *password* su sistemi informatici per la gestione di dati sensibili, ecco perché è doveroso da parte dei Responsabili del Trattamento fornire loro Istruzioni Operative precise e dettagliate, sul ruolo, sulle responsabilità e sulle operazioni abilitate, e garantire loro una formazione adeguata, continuativa e aggiornata su *hardware* e *software* adottati.

2.7 L'Informativa e il Consenso Informato

Come da Art. 26 comma 1 del Dlg 196/03 "I dati sensibili possono essere oggetto di trattamento solo con il consenso scritto dell'interessato e previa autorizzazione del Garante, nell'osservanza dei presupposti e dei limiti stabiliti dal presente codice, nonché dalla legge e dai regolamenti".

Questo articolo pone l'attenzione sull'autodeterminazione del paziente e su come gli operatori del Sistema Sanitario debbano porre la massima attenzione alla garanzia per il cittadino sulla riservatezza e sicurezza del trattamento dei suoi dati.

Due sono le direttrici di intervento:

a) Il ruolo centrale della **volontà** del cittadino in tema di privacy;
b) Le **misure di sicurezza** che devono essere indicate agli enti aderenti al sistema.

Come detta l'Art. 5 della Convenzione di Oviedo "**Un trattamento sanitario può essere praticato solo se la persona interessata abbia prestato il proprio consenso libero ed informato**".

Ancor prima la Costituzione Italiana all'Art. 32 sancisce "**La Repubblica tutela la salute come <u>fondamentale diritto </u>dell'individuo e interesse della collettività, e garantisce cure gratuite agli indigenti. Nessuno può essere obbligato a un determinato trattamento sanitario se non per disposizione di legge. La legge non può in nessun caso violare i limiti imposti dal rispetto della persona umana**".

L'autodeterminazione del Cittadino si fonda su 3 aspetti:

✓ **Consenso** : al cittadino viene richiesto il consenso perché possa essere effettuato il trattamento per le finalità della sua cura. Senza consenso nessun trattamento può essere effettuato;

✓ **Regole di Accesso** : una volta che il Cittadino ha espresso il consenso solo gli operatori sanitari autorizzati dal cittadino possono trattare i suoi dati sanitari. Il cittadino con atto volontario stabilisce quali operatori possono ricoprire tale ruolo;

✓ **Oscuramento dei Dati** : al cittadino è data la possibilità di decidere discrezionalmente quali dati sanitari non rendere visibili agli operatori da lui autorizzati.

Secondo l'Art. 78 del Dlg 196/03 è il Medico di Medicina Generale (MMG) o lo specialista che informano l'interessato relativamente al trattamento dei dati personali, necessario per attività di prevenzione, diagnosi, cura e riabilitazione, svolte dal medico a tutela della salute o dell'incolumità fisica dell'interessato, su richiesta dello stesso o di cui questi è informato in quanto effettuate nel suo interesse.

L'informativa deve riguardare altresì dati personali eventualmente raccolti presso terzi, come i dati vengono trattati, se su sistemi informatici o cartacei, e chi avrà accesso a questi dati.

L'informativa al paziente, dunque, oltre ad un documento cartaceo che deve essere fornito al paziente e che deve essere integrato con appositi ed idonei cartelli ed avvisi agevolmente visibili al pubblico, rappresenta un momento "privato" fra il Paziente ed il Medico, che, nell'informarlo, dovrà tenere conto delle sue capacità di comprensione, al fine di promuoverne la massima adesione alle proposte diagnostico-terapeutiche.

Il paziente informato può quindi esprimere un consenso al trattamento e alla gestione dei propri dati.

La normativa vigente nel caso si tratti di minore, interdetto o inabilitato, prevede la delega del consenso agli interventi diagnostici e terapeutici, nonché al trattamento di dati sensibili, al rappresentante legale.

Solo in caso di urgenza, come da Art. 8 della Convenzione di Oviedo, "Quando a causa di una situazione di urgenza non è possibile ottenere il consenso, si potrà praticare ogni trattamento necessario, dal punto di vista sanitario, per la salute della persona interessata".

3. LE SFIDE DELL'INFORMATION SECURITY IN AMBITO SANITARIO

3.1 Lo scenario

Le crescenti minacce provenienti non solo da Internet (ad es. attacchi, intrusioni e accessi non autorizzati etc..) ma anche dall'interno delle reti (ad es. scorretto utilizzo dei sistemi informatici, diffusione non controllata di dati aziendali, diffusione involontaria di *virus* etc..) rendono i sistemi informatici più vulnerabili, esponendo le organizzazioni pubbliche e private a nuovi rischi di frodi, furto o diffusione di informazioni, arresto di servizi con prevedibili conseguenze di natura legale o economica, di perdita di immagine o di efficienza. All'interno di questo complesso scenario, gli aspetti di sicurezza assumono un'importanza fondamentale e la risoluzione delle problematiche legate alla "gestione" ed alla "salvaguardia delle informazioni", anche grazie alla attuale legislazione nazionale, diventa un obiettivo cogente e non più un'opzione di scelta da valutare esclusivamente in termini di costi.

Nessun sistema informatico è probabilmente mai completamente sicuro; anche i sistemi più curati dal punto di vista della sicurezza possono poi rivelarsi vulnerabili, magari da parte di utenti che ancorché autorizzati abusano dei privilegi loro concessi. Quindi, quello che le organizzazioni possono ottenere attraverso una corretta gestione della problematica è di rendere particolarmente difficili i tentativi di compromissione dei sistemi.

Ne consegue che un sistema di gestione della sicurezza può considerarsi "sicuro" soltanto rispetto alla sua capacità di ridurre a livelli accettabili i rischi di compromissione della riservatezza dell'integrità e della disponibilità delle risorse protette. In questa ottica la sicurezza deve essere considerata "un processo, non un prodotto" e va analizzata ed affrontata attraverso un approccio integrato (tecnologico ed organizzativo, organico, strutturato ed interdisciplinare) ovvero mediante la strutturazione di un processo continuo di identificazione, analisi e valutazione dei rischi, nonché di selezione delle migliore strategie di prevenzione e gestione degli stessi.

L'adozione di tale processo, più comunemente noto come *Information Security Management System* (ISMS), finisce per costituire un indicatore di efficienza e di solidità dell'organizzazione che sarà in grado di garantire l'affidabilità e la continuità dei servizi erogati, il mantenimento di appropriati livelli di confidenzialità, integrità e disponibilità delle informazioni e conquistare, dunque, la fiducia dei propri utenti.

3.2 L'*Information Security*

La "sicurezza informatica", in via generale, è quella branca dell'informatica che si occupa della salvaguardia dei sistemi informatici e delle reti di telecomunicazione da potenziali rischi di acceso, utilizzo, modifica e distruzione sia accidentali che dolosi.

Nell'ambito delle attuali tecnologie dell'ICT, il significato di "sicurezza informatica" si è andato evolvendo fino a coincidere con quello di "sicurezza dell'informazione".

Oggi quindi per sicurezza informatica si intende la capacità di salvaguardare la riservatezza, l'integrità e la disponibilità delle informazioni, qualunque forma esse assumano e qualunque siano i mezzi con cui vengono condivise o memorizzate, e delle risorse utilizzate per il suo trattamento, contrastando efficacemente ogni minaccia sia di tipo accidentale sia di tipo intenzionale, ovvero riducendo al minimo i rischi attraverso l'individuazione, la realizzazione e la gestione di opportune contromisure di natura fisica logica ed organizzativa (ISO/IEC 27002:2005).

In tale accezione, che trova riscontro in ogni settore di competenza dell'ICT, gli obiettivi della sicurezza informatica vengono dunque generalmente espressi in termini di requisiti volti a:

- salvaguardare la **riservatezza** dell'informazione, quindi la sua confidenzialità, riducendo a livelli accettabili il rischio di accesso, volontario o involontario, non autorizzato o di intercettazioni da parte di terzi;
- proteggere l'**integrità** dell'informazione, ovvero la sua "accuratezza", "completezza" e "validità", riducendo a livelli accettabili il rischio di

cancellazioni o modifiche non autorizzate da parte di terzi, o del verificarsi di fenomeni non controllabili (come ad esempio il deteriorarsi dei supporti di memorizzazione, la degradazione dei dati trasmessi su canali rumorosi, i guasti degli apparati, i problemi ai sistemi di distribuzione dell'energia, gli incendi, gli allagamenti, etc.) e prevedendo adeguate procedure di recupero delle informazioni (ad es. piani di *Disaster Recovery*, etc...);

- garantire la **disponibilità** dell'informazione, riducendo a livelli accettabili il rischio che possa essere impedito a soggetti autorizzati l'accesso ed il successivo utilizzo delle informazioni e dei servizi ogni qual volta richiesti.

Ai requisiti appena elencati vanno aggiunti i seguenti, quando le informazioni sono nello stato di trasmissione su mezzi di comunicazione, ovvero sulle reti informatiche:

- l'**autenticazione**, ovvero la capacità del sistema di assicurare al destinatario di un messaggio digitale o di un documento elettronico la corretta identificazione della fonte di provenienza, ovvero la certezza dell'autenticità dell'identità dichiarata dal mittente;
- il **non ripudio**, ovvero la capacità del sistema di garantire che né il mittente, né il destinatario di un messaggio possano negarne la trasmissione o la ricezione;
- il **controllo accessi**, ovvero la capacità del sistema di monitorare e limitare l'accesso ai soli utenti autorizzati, attraverso meccanismi di autenticazione e autorizzazione.

Questi requisiti possono essere raggiunti attraverso l'implementazione di opportuni meccanismi di protezione:

✓ **sicurezza fisica**
- *Sistemi di Rilevazione Passiva*: al fine di rivelare la presenza di situazioni logistiche anomale (ad es. incendio, allagamento, fumo), inviando uno specifico allarme ai centri di controllo senza attivare contromisure;

- *Sistemi di Rilevazione Attiva*: per rilevare la presenza di situazioni logistiche anomale (ad es. incendio, allagamento, fumo), inviando uno specifico allarme ai centri di controllo ed attivando una specifica contromisura.

- *Sistemi di Controllo Accesso Fisico*: per permettere l'accesso fisico in determinate aree riservate alle sole persone e mezzi autorizzati.

- *Sistemi di Continuità di Alimentazione*: per garantire la continuità dell'alimentazione elettrica ai sistemi informatici, almeno per il tempo sufficiente alla chiusura ordinata.

- *Infrastrutture*: accorgimenti specifici sugli edifici e disposizione dei locali al fine di garantire la sicurezza degli impianti (edifici antisismici, uscite di sicurezza dotate di sistemi di allarme, separazione ambienti a rischio, ecc…).

✓ **sicurezza logica**

- *Access Control*: controllo del flusso delle informazioni tra processi e dell'utilizzo delle risorse da parte dei processi stessi, con l'obiettivo di assicurare solo agli utenti autorizzati l'espletamento delle operazioni di propria competenza. Tra tali funzioni vanno previste anche quelle di amministrazione dei diritti di accesso e loro verifica.

- *Accounting*: registrazione e tracciamento delle azioni poste in essere da utenti o conseguenti all'esecuzione di processi, con l'obiettivo di assicurarne l'univoca ed incontestabile attribuzione.

- *Accuracy*: mantenimento delle corrette relazioni tra i dati e la non alterazione degli stessi in fase di trasferimento tra i diversi processi, con lo scopo di identificare, segnalare e correggere qualunque tipo di modifica non autorizzata dei dati (alterazioni, cancellazioni ed inclusioni di nuove parti nei dati scambiati tra processi o passati da un oggetto all'altro). Tra queste funzioni di sicurezza rientrano anche quelle di identificazione ed eliminazione di Virus, nonché di analisi dell'integrità degli indici di un Data Base.

- *Audit*: registrazione ed analisi degli scostamenti, da soglie predeterminate, di determinati eventi che potrebbero rappresentare una minaccia alla sicurezza delle risorse. Ciò con l'obiettivo di monitorare e controllare casi anomali o sospetti. Tali funzioni devono consentire l'identificazione selettiva e la correlazione delle azioni eseguite da uno o più utenti, e consentire l'Alert on-line o differito al superamento di soglie di sicurezza predefinite.

- *Data Exchange*: ovvero garantire la protezione dei dati durante la loro trasmissione sui canali di comunicazione mediante l'autenticazione del mittente, l'integrità e la riservatezza del contenuto del messaggio, il non ripudio del mittente e del destinatario.

- *Identification e Authentication*: verificare l'identità degli utenti che accedono a risorse controllate. L'identificazione e l'autenticazione devono essere effettuate prima di ogni ulteriore interazione tra l'utente e il sistema. Solo se l'operazione di identificazione e autenticazione sarà andata a buon fine, l'utente autorizzato potrà avere altre interazioni con il sistema. Tali funzioni si applicano anche alle interazioni tra processi applicativi e tra sistemi.

- *Object Reuse*: consentire il riutilizzo di spazi di memoria centrale o di massa, impedendo che ciò costituisca una minaccia alla riservatezza delle informazioni precedentemente registrate su tali supporti. Tra queste, anche quelle di inizializzazione e cancellazione dei supporti asportabili e riusabili (ad es. nastri magnetici, dischetti, ecc.).

- *Reliability of Service*: assicurare l'accesso e l'utilizzo delle risorse esclusivamente a utenti/processi autorizzati entro tempi prefissati.

✓ **funzioni di sicurezza organizzativa**

- *Ruoli e Responsabilità*: definizione delle figure organizzative coinvolte negli aspetti di gestione della sicurezza, dei loro compiti e delle relative responsabilità.

- *Procedure di Gestione*: strutturazione di un sistema documentale rivolto agli addetti alla gestione della sicurezza informatica atto a descrivere le modalità operative di svolgimento delle attività di competenza.

- *Procedure di Utilizzo*: strutturazione di un sistema documentale rivolto agli utenti dei sistemi informatici atto a descrivere le norme comportamentali e le modalità operative di utilizzo sicuro delle risorse informatiche.

- *Formazione e Comunicazione*: pianificazione di attività finalizzate alla diffusione di conoscenze e competenze volte a migliorare i comportamenti organizzativi ed operativi degli addetti e degli utenti che operano sulle risorse informatiche.

L'attività di **Analisi dei Rischi** è considerata da tutte le più accreditate metodologie internazionali di gestione della sicurezza informatica come prerequisito fondamentale per la progettazione dei sistemi di protezione.

Le metodiche e gli strumenti di analisi dei rischi disponibili, anche limitando l'analisi a quelli applicabili in ambito ICT, sono numerosi ma tutti si fondano sui concetti di rischio, di minaccia e di vulnerabilità, danno e impatto.

Il **Rischio** può essere considerato come la probabilità che delle minacce, sfruttando vulnerabilità intrinseche o estrinseche ai beni dell'organizzazione, ovvero agli *asset* (informazioni, risorse *hardware*, risorse *software*, *location*, personale), producano impatti negativi sull'organizzazione, in termini di perdite economiche, violazione normative, rallentamenti dell'operatività, perdita di immagine etc...

La **Minaccia** viene generalmente definita come un evento od una azione, di natura accidentale o deliberata, che, sfruttando punti deboli o vulnerabilità del sistema, delle applicazioni o dei servizi, risulta potenzialmente idonea a provocare effetti dannosi sull'organizzazione.

Le minacce possono essere raggruppate in:

- **minacce fisiche**: sono quelle che insistono sulle aree, sugli edifici, sui locali, sugli uffici e che sfruttano le vulnerabilità in ambiente fisico.

- **minacce tecnologiche**: sono quelle che insistono sull'architettura e sui sistemi e che sfruttano le vulnerabilità delle configurazioni o delle installazioni. Tali minacce si riferiscono agli asset di tipo hardware e software;
- **minacce organizzative**: sono quelle che sfruttano le vulnerabilità rappresentate dal mancato senso di appartenenza, responsabilità e professionalità da parte del personale.

La **Vulnerabilità** è una condizione di debolezza nel sistema operativo, nelle procedure di sicurezza, nei controlli interni o nella loro implementazione che, se sfruttata da una minaccia, può compromettere la riservatezza, l'integrità e la disponibilità dei beni aziendali.

Le vulnerabilità possono dipendere dalla mancanza di appropriati meccanismi di sicurezza o da deficienze nelle procedure di utilizzo da parte degli utenti, da carenze organizzative o di assegnazione di responsabilità, dalla collocazione geografica del sistema informatico (es. ubicazione in una zona altamente sismica), da errori sistemici presenti nell'hardware o nel software (es. errori di progettazione), da possibili malfunzionamenti accidentali dell'hardware.

Le organizzazioni che intendono affrontare in maniera adeguata ed efficace il problema della sicurezza informatica devono creare adeguati programmi di gestione delle minacce e delle vulnerabilità, in modo da tenere sotto controllo i rischi, reagire prontamente ad ogni specifico problema e risolvere rapidamente tutti gli incidenti quando si verificano.

Il **Danno** è la conseguenza negativa del verificarsi di un rischio o dell'attuarsi di una minaccia. Tali conseguenze vengono spesso identificate da una perdita di riservatezza, integrità e/o disponibilità dell'informazione.

In alcuni casi, questa definizione condivisa viene però ulteriormente specificata. Ad esempio si può distinguere il danno in "tangibile" (danno monetario provocato sul sistema) e "intangibile" (danno di immagine o comunque immateriale), oppure in "*business consequence*" (frodi o attacchi informatici andati a buon fine) e "*security breach*" (perdita di disponibilità, integrità, riservatezza dovuti ad un incidente, come un guasto agli elaboratori).

L'**Impatto** è un concetto presente nella maggior parte degli strumenti/metodologie di analisi dei rischi la cui definizione spesso si sovrappone a quella di danno. Alcuni strumenti/metodologie associano il concetto di impatto a quello di misura o entità del danno, ma la definizione che accomuna la maggior parte di essi vede l'impatto come effetto sull'azienda o ente e sul suo business del verificarsi di una minaccia, quindi l'effetto reale del danno sul sistema. L'impatto in questa accezione deve tenere conto ad esempio anche di possibili responsabilità civili o penali (presenti ad esempio nel D. Lgs. 196/2003).

3.3 *Information Security* e Sanità: le sfide del futuro

L'elevata sensibilità maturata negli ultimi anni ai vantaggi dell'ICT in tutti i settori industriali, e, quindi, anche nel contesto della Sanità e l'avvio di diversi piani regionali mirati ad un miglior controllo della spesa e ad un incremento del livello delle prestazioni fornite, non hanno ancora determinato la costituzione di una offerta di settore completa e di forte efficacia.

In questa momento l'offerta di soluzioni e servizi ICT in Italia è caratterizzata dalla presenza di operatori verticali e di nicchia e da un elevato numero di *player* classificabili tra fornitori IT (in prevalenza *System Integrator*), *Telco operator* e fornitori di apparati elettromedicali. Pochi grandi *software vendor* hanno offerte specifiche per la Sanità, mentre i minori risultano fortemente specializzati in specifiche soluzioni verticali. Per quanto riguarda i *System Integrator* si presentano generalmente con un'offerta ampia, ma spesso generalista.

Per cercare di migliorare questo scenario occorre un cambiamento di paradigma che coinvolga tutti gli attori impegnati nel settore. Occorre cioè accompagnare le istituzioni nell'evoluzione del modello sanitario da un approccio verticale, che vede ogni attore focalizzato sui propri processi e sulle proprie esigenze con scarsi livelli di interazione, ad uno orizzontale, l'*e-Health Platform*, in grado di costituire un efficace strumento di ottimizzazione del Sistema Sanitario Nazionale.

Malgrado lo stato dell'offerta appena delineato sia nel complesso poco soddisfacente, le tecnologie dell'ICT stanno ormai pervadendo sempre di più la Sanità pubblica e privata, in quanto sono ormai imprescindibili, per quanto sopra detto, in un settore così cruciale e complesso della vita sociale.

Se da un lato ICT e Sanità è un binomio destinato ad una continua e rapida evoluzione, dall'altro espone il mondo della Sanità ai numerosi rischi di natura informatica, potenzialmente dannosi per la riservatezza, l'integrità e la disponibilità del patrimonio informativo. La sicurezza informatica (*Information Security*), come ampiamente descritto, è un aspetto fondamentale e complesso delle tecnologie ICT, e allo stesso tempo, richiede un notevole investimento in termini di risorse, e probabilmente per questo, purtroppo, ancora oggi i vari *Players* non se ne curano a sufficienza.

Osservando i trend degli ultimi 2-3 anni, provenienti dal mondo dell'*hethical hacking* e del *cybercrime*, il mondo sanitario è certamente uno dei prossimi target a rischio alto. Il progresso delle tecnologie ha permesso di creare numerosi dispositivi medici (defibrillatori, *pace-maker*, pompe per insulina) che possono essere controllati e monitorati con sistemi di connettività wireless, potendo in tal modo variare anche i loro parametri di funzionamento da remoto. Se questa tecnologia consente sicuramente di migliorare la qualità della vita dei pazienti che utilizzano questi dispositivi, dal punto di vista della sicurezza è stato dimostrato che, se non si applicano opportune misure preventive, è possibile "attaccare informaticamente" questi dispositivi, con evidenti rischi per la vita dei loro utilizzatori.

Altro trend innovativo nel settore dell'ICT è rappresentato dal cosiddetto **Cloud-Computing**.

Con il termine inglese *cloud computing* (in italiano "nuvola informatica") si indica un insieme di tecnologie che permettono, tipicamente sotto forma di un servizio offerto da un *provider* al cliente, di memorizzare/archiviare e/o elaborare dati grazie all'utilizzo di risorse *hardware/software* distribuite e virtualizzate in Rete.

Si possono distinguere tre tipologie fondamentali di servizi *cloud computing*:

- **SaaS** (*Software as a Service*) - Consiste nell'utilizzo di programmi installati su un *server* remoto, cioè fuori del *computer* fisico o dalla LAN locale, spesso attraverso un *server web*. Questo acronimo condivide in parte la filosofia di un termine oggi in disuso, ASP (*Application Service Provider*).
- **DaaS** (*Data as a Service*) - Con questo servizio vengono messi a disposizione via web solamente i dati ai quali gli utenti possono accedere tramite qualsiasi applicazione come se fossero residenti su un disco locale.
- **HaaS** (*Hardware as a Service*) - Con questo servizio l'utente invia dati ad un computer che vengono elaborati da computer messi a disposizione e restituiti all'utente iniziale.

A questi tre principali servizi possono essere integrati altri:

- **PaaS** (*Platform as a Service*) - Invece che uno o più programmi singoli, viene eseguita in remoto una piattaforma software che può essere costituita da diversi servizi, programmi, librerie, etc. (ad esempio *Google's App Engine*)
- **IaaS** (*Infrastructure as a Service*) - Utilizzo di risorse hardware in remoto. Questo tipo di cloud è quasi un sinonimo di *Grid Computing*, ma con una caratteristica imprescindibile: le risorse vengono utilizzate su richiesta o domanda al momento in cui una piattaforma ne ha bisogno, non vengono assegnate a prescindere dal loro utilizzo effettivo.

Il *Cloud Computing* può consentire ad un'Azienda Sanitaria, che ha già fatto passi importanti nel rendere digitale la sua attività clinica, di far evolvere ulteriormente i propri servizi. Inoltre le aziende sanitarie più in ritardo, che per varie ragioni non hanno introdotto ancora la tecnologia ICT negli ambiti gestionali e sanitari della loro organizzazione, possono trarre vantaggi considerevoli dall'utilizzo del *cloud*. Questa duplice *chance* rappresenta la ragione probabilmente più interessante per aprire le porte al *Cloud Computing*. Infatti, il *cloud* ha la capacità di semplificare le dinamiche formative del fattore "domanda" nel mercato della sanità digitale, dato che il cliente può ridurre sensibilmente la sua competenza specialistica e la sua "cultura ICT", evitando gran parte degli investimenti hardware più impegnativi, che in questi anni hanno bloccato molte amministrazioni ospedaliere. Ma l'impatto più significativo è riscontrabile nell'utilizzo *"on demand"* di piattaforme cliniche di servizi (radiologia, pronto soccorso, cardiologia, ecc.), in quanto l'ospedale non è più tenuto a realizzare progetti complessi (per acquisizione tecnologica, disponibilità finanziarie, dotazione sistemistica, ecc.), potendo concentrarsi invece sulla definizione accurata degli SLA (*Service Level Agreement*) da contrattualizzare. Viene così meno la preoccupazione di individuare risorse economiche da destinare ad investimenti, in quanto gli impegni trattati vengono gestiti come costi di fornitura di servizi. Analoghi vantaggi, anche se su scala inferiore, sono conseguibili con la soluzione dell'acquisizione di funzioni di software. Ciò che, in ogni caso, interessa è la natura di "cliente puro" che l'amministrazione sanitaria può assumere con il *cloud*, senza caricarsi dei connotati attuali di "produttore/fornitore di se stesso", che implicano competenze, responsabilità, complessità, organizzazione oggettivamente importanti, che spiegano la loro azione attualmente scoraggiante su un sistema sanitario non molto innovativo. Il *cloud* permette, dunque, di saltare alcune "fasi generazionali" tecnologiche e gestionali ed offrire ad un sistema in ritardo le performance del servizio più avanzato, senza quegli obblighi progettuali, contrattuali ed operativi a cui si sono attenuti gli utenti precedenti. Questo nuovo paradigma della ICT porta con sé nuove sfide e nuove problematiche da affrontare, relativi alla *information security*. Per esempio:

- Utilizzare un servizio di *cloud computing* per memorizzare dati personali o sensibili, espone l'utente a potenziali problemi di violazione della *privacy*. I dati personali vengono memorizzati nelle *Server Farms* di aziende che spesso risiedono in uno Stato diverso da quello dell'utente. Il *cloud provider*, in caso di comportamento scorretto o malevolo, potrebbe accedere ai dati personali per eseguire ricerche di mercato e profilazione degli utenti.

- Con i collegamenti *wireless*, il rischio sicurezza aumenta e si è maggiormente esposti ai casi di pirateria informatica a causa della minore sicurezza offerta dalle reti senza fili. In presenza di atti illegali, come appropriazione indebita o illegale di dati personali, il danno potrebbe essere molto grave per l'utente, con difficoltà di raggiungere soluzioni giuridiche e/o rimborsi se il fornitore risiede in uno stato diverso da paese dell'utente.

- Nel caso di industrie o aziende, tutti i dati memorizzati nelle memorie esterne sono seriamente esposti a eventuali casi di spionaggio industriale.

- Possono verificarsi quando dati pubblici sono raccolti e conservati in archivi privati, situati in un paese diverso da quelli degli utenti della "nuvola". Produzioni cruciali e di carattere intellettuale insieme a una grande quantità di informazioni personali sono memorizzate sempre di più in forma di dati digitali in archivi privati centralizzati e parzialmente accessibili. Nessuna garanzia viene data agli utenti per un libero accesso futuro.

- Altre problematiche sono legate alla localizzazione degli archivi della "nuvola" in alcuni paesi ricchi. Se non regolato da specifiche norme internazionali ciò potrebbe:

  o aumentare il "*digital divide*" tra paesi ricchi e poveri (se l'accesso alle conoscenze memorizzate non sarà liberamente garantita a tutti).

  o favorire principalmente grandi corporation con «organismi policentrici" e "menti monocentriche" dislocate principalmente nei Paesi della "nuvola", essendo la proprietà immateriale considerata come un fattore strategico per le moderne economie "*knowledge-based*".

Maggiori sicurezze e garanzie vi sono nel caso in cui il fornitore del servizio appartenga alla stessa nazione/area applicando le medesime leggi/normative sulla *privacy* e sicurezza del cliente (la legislazione USA o di altre nazioni è molto diversa dall'italiana e diventa impossibile pensare di soddisfare normative nazionali con servizi in *cloud* di altre nazioni).

Delegando a un servizio esterno la gestione dei dati e la loro elaborazione l'utente si trova fortemente limitato nel caso in cui i suddetti servizi non siano operativi (*out of service*). Un eventuale malfunzionamento inoltre colpirebbe un numero molto elevato di persone contemporaneamente dato che questi sono servizi condivisi. Anche se i migliori servizi di *cloud computing* utilizzano architetture ridondate e personale qualificato al fine di evitare malfunzionamenti dei sistema e ridurre la probabilità di guasti visibili dall'utente finale, non eliminano del tutto il problema. Bisogna anche considerare che tutto si basa sulla possibilità di avere una connessione Internet ad alta velocità sia in download che in upload e che anche nel caso di una interruzione della connessione dovuta al proprio *Internet Service Provider/ISP* si ha la completa paralisi delle attività. Non esistendo uno *standard* definito tra i gestori dei servizi un eventuale cambio di operatore risulta estremamente complesso. Tutto ciò risulterebbe estremamente dannoso in caso di fallimento del gestore dei servizi cui ci si è affidati.

Si comprende facilmente che ogni innovazione tecnologica, malgrado gli indiscutibili vantaggi che può generare, nasconde sempre delle problematiche, che emergono nel momento in cui si prova a calare l'innovazione in ambiti *sensibili*, quale può essere il settore sanitario.

La ricerca industriale ancora è all'inizio nell'individuare i rischi e le minacce relativi ai nuovi dispositivi medici e nell'ambito delle nuove tecnologie nei sistemi informativi sanitari moderni.

Il grafico seguente mostra chiaramente la situazione attuale (*ISH, Information Security Hospital, Raul Chiesa, 2012*)

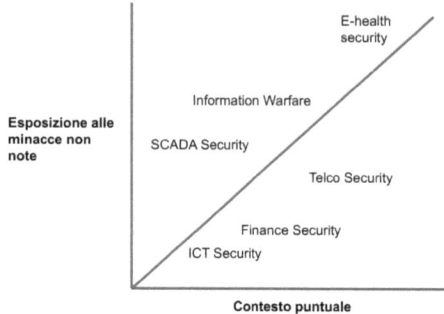

Figura 2. Relazione Rischi Informatici - ICT

La situazione "*vendors VS ICT Security*" nel mondo della sanità purtroppo è molto simile a quella dei *vendor* di soluzioni TLC:

- alcuni *vendor* hanno deciso di diventare parte attiva nell'ambito della sicurezza, ma si tratta di iniziative isolate che non possono in ogni caso far fronte alla maggior parte dei problemi di sicurezza;
- molti *vendor* commercializzano *software* e sistemi pieni di *bug*;
- gli operatori non risolvono i problemi di sicurezza individuati nei sistemi di telecomunicazione perché altrimenti verrebbe meno la loro garanzia offerta dai *vendor*.

In pratica sia i *vendor* che gli operatori utilizzano per i problemi dell'*information security* l'"approccio dello struzzo", incrementando in tal modo i rischi.

Nell'ambito sanitario le problematiche si amplificano, anche perché si ha a che fare con vite umane. Le strutture sanitarie, esattamente come gli operatori di fonia fissa e mobile, si affidano ai vendor per acquisire "soluzioni sicure". Però gli operatori sanitari sono focalizzati ed impegnati quasi esclusivamente su attività tipiche del mondo sanità, quasi raramente dispongono di conoscenza in house nel settore della sicurezza ICT, e in genere esiste una marcata divisione tra la divisione IT e gli altri settori della struttura sanitaria. La conseguenza di questo approccio è che la maggior parte di queste strutture sanitarie sono aperte ad attacchi esterni ed interni.

E' indispensabile provvedere nell'immediato ad una rivisitazione dei processi di acquisizione e gestione delle tecnologie ICT, focalizzando l'attenzione su tutti gli aspetti dell'*information security*, provvedendo, tra l'altro, oltre alle raccomandazioni specifiche per l'acquisizione e l'utilizzo di particolari innovazioni tecnologiche:

- alla sensibilizzazione del personale della struttura sanitaria ai temi dell'*information security*, ed ad una formazione permanente nel settore delle ICT;
- ad approntare un piano di *testing* degli apparati di rete e dei sistemi informatici, provvedendo ad un suo costante aggiornamento, dal momento che le minacce informatiche sono in continua evoluzione;
- a sottoporre il *software* ad opportuni test ancor prima di acquisirlo;
- a disporre l'evoluzione della struttura ICT ospedaliera verso competenze di *service management;*
- a istituire un *"Privacy and risk manager ospedaliero"* per la protezione, gestione, sicurezza dei dati clinici.

4. GLI STANDARD

Nel contesto delle ICT è di fondamentale importanza che le informazioni si possano condividere all'interno delle varie strutture e che le diverse applicazioni e sistemi informatici possano essere integrati in modo efficiente. Come definito nell'IEEE *Standard Computer Dictionary* 1990 "***interoperability****: ability of two or more systems or components to exchange informations and to use the information that has been exchanged...*", cioè l'integrazione è si l'elemento fondamentale per progettare e gestire un sistema informativo di più sistemi informatici, ma è possibile solo se gli "interlocutori" identificano gli oggetti in modo univoco utilizzando standard di comunicazione condivisi.

A tal fine è necessario ricorrere all'uso di ***standard*** e di architetture aperti basati sull'interoperabilità.

Col termine **interoperabilità** ci si riferisce alla capacità di comunicare e riutilizzare dati prodotti ed archiviati in un dato sistema verso un altro sistema all'interno di una singola azienda o tra questa ed altre aziende esterne. Se l'interconnessione tra sistemi diversi non presenta difficoltà insormontabili, l'interoperabilità obbliga alla definizione di accordi relativi alla struttura dei dati scambiati su tre diverse variabili: la semantica, cioè il significato di ciascun campo; la sintassi, ovvero il formato di ciascun campo e la sua rappresentazione; l'ordine col quale i dati elementari sono trasmessi ed il modo in cui debbono essere marcati e resi riconoscibili; il carattere utilizzato per separare i campi. Trattando di sanità elettronica si citano i soggetti istituzionali che, nello specifico, si occupano della standardizzazione in ambio medico-sanitario.

A livello nazionale si ritrova l'UNI-Commissione Informatica Medica. All'interno di essa, recentemente, è stato costituito anche un gruppo di lavoro chiamato *Technical Group* su **HL7**, il quale è impegnato anche nel campo della standardizzazione.

A livello comunitario, invece, opera il CEN TC 251 *Health Informatics*, il quale risulta a sua volta suddiviso in quattro *Working Group*: *WG1 Information Models, WG2 Terminology and knowledge bases, WG3 Security, Safety and quality, WG4 Technology for intero-perability*. Il CEN – TC251, *Comité Européen de Normalisation*, è l'Ente ufficiale di standardizzazione europeo. Il Technical Commettee (TC) 251 è il comitato che si occupa specificamente di standard per la Sanità.

A livello internazionale lavora, infine, l'ISO TC 21 *Health In-formatics*, il quale, a sua volta, è composto da sei *Working Group: WG1 Health records and modelling coordination, WG2 Messaging and communication, WG3 Health concept representation, WG4 Security, WG5 Health Cards, WG6 e-Pharmacy and medicines business*.

Nel contesto delle ICT in ambito sanitario gli standard utilizzati a livello internazionale sono, principalmente, lo standard **DICOM**, approvato dall'*International Organization for Standardization* (comunemente conosciuta come ISO) e lo standard **HL7**, per il quale la certificazione da parte dell'ISO è in fase di approvazione ma che risulta già ampiamente utilizzato come standard de facto (esso è stato certificato *dall'American National Standard Institute* (ANSI). Dell'HL7 sono già state prodotte alcune versioni nazionali.

Prima di passare alla descrizione di questi due standard, occorre quantomeno dar conto di altre due iniziative a livello internazionale che lavorano per diffondere l'utilizzo di standard in sanità: IHE e PROREC.

4.1 IHE e PROREC

Il progetto *Integrating the Healthcare Enterprise* (**IHE**), è un gruppo di lavoro che opera in sinergia con le associazioni legate alla Sanità allo scopo di incrementare l'integrazione in ambito sanitario. Esso non è un Ente certificatore, ma una sorta di gruppo di discussione, al quale partecipano associazioni di utilizzatori e fornitori, con il fine di promuovere la discussione circa l'implementazione di standard nel settore di loro competenza.

L'avvento dell'*imaging* diagnostico digitale e l'introduzione dei computer nella pratica clinica hanno indotto nel 1983 l'ACR, *American College of Radiology*, e la NEMA, *National Electrical Manufacturers Association*, a riunirsi per sviluppare uno standard che rendesse fruibili le immagini radiologiche attraverso il sistema informatico, indipendentemente dal tipo di metodica di acquisizione, e che facilitasse lo sviluppo e l'estensione di sistemi di gestione delle immagini biomediche, mettendo in comunicazione diversi PACS.

Nel 1999 la RSNA, *Radiological Society of North America*, si è fatta carico del problema dell'integrazione e dell'interoperabilità tra i sistemi operanti in ambito radiologico e sanitario, mediante interfacce standard e non proprietarie, ed ha dato vita all'IHE, *Integrating the Healthcare Enterprise*, un'iniziativa che identifica i problemi nell'ambito dell'integrazione fra diversi moduli del *workflow* sanitario proposti da diversi *vendor*:

- fornisce i *Technical Framework*, documenti gratuiti che descrivono nel dettaglio quali standard utilizzare all'interno di un determinato flusso ospedaliero e come utilizzarli;
- ricerca e definisce quali standard debbano essere coinvolti per la soluzione (DICOM, HL7, ….);
- organizza *workshops* e supporta i produttori nell'implementazione;
- organizza test incrociati fra le varie ditte nei *Connectathon*;
- promuove e organizza demo per i *tradeshow* (RSNA/ECR …).

Nell'implementazione di un sistema PACS si richiede soprattutto che siano rispettate le conformità ai profili IHE:

- *Consistent presentation of images*, assicura che le immagini visualizzate sulla workstation diagnostica abbiano le stesse caratteristiche di quelle prodotte nel sito trasmittente, anche se di diverso produttore;
- *Patient information reconciliation*, assicura l'allineamento fra i dati anagrafici del paziente nel sistema inviante e in quello ricevente;
- *Basic security*, permette di verificare che siano rispettate le caratteristiche di confidenzialità e integrità dei dati nelle trasmissioni di rete e permette di monitorare le operazioni compiute dai vari utenti, cioè la possibilità di sapere quale utente ha avuto accesso in lettura o scrittura ai dati di un paziente.

La *Promotion Strategy for European Electronic Healthcare Record* (**PROREC**) è ovvero l'azione europea per la promozione dell'utilizzo di soluzioni finalizzate alla la realizzazione di sistemi EHR. Essa è sostenuta dalla Commissione europea. L'obiettivo principale di PROREC è quello di promuovere e coordinare la convergenza su scala europea verso sistemi di EHR a vocazione generale, sicuri e tra loro interoperabili.

4.2 DICOM

Secondo le indicazioni dell'ACR e della NEMA lo *standard*, approvato anche da ISO, *International Organization for Standardization*, per lo scambio delle immagini biomediche in formato digitale è il DICOM, *Digital Imaging and Communications in Medicine*.

La standard DICOM modella un'entità del mondo reale, ad esempio un paziente, un ricovero, un immagine... come un oggetto detto **IOD**, *Information Object Definitions*; ogni oggetto ha in sé una serie di attributi, per esempio l'oggetto paziente conterrà gli attributi dati anagrafici, data di ricovero ecc..

Definiti gli oggetti di interesse e tutte le loro caratteristiche, DICOM definisce quali operazioni possono essere eseguite e su quali oggetti. Tali operazioni sono chiamate **DIMSE Service**, *Dicom Message Service*.

La combinazione di un oggetto e i corrispondenti servizi prende il nome di *SOP*, *Service Object Pair*.

L'insieme delle *SOP* relative a un unico oggetto formano una **SOP Class**, che è l'unità funzionale del DICOM.

I servizi DICOM più rilevanti ai fini delle funzionalità del PACS sono:

➤ *Image Storage*, per trasferimento delle immagini dalle modalità di acquisizione all'archivio e dall'archivio alle workstation;

➤ *Query/retrieve*, per la ricerca tramite *browser* nell'archivio dalla workstation e il richiamo delle immagini dall'archivio alla workstation;

➤ *Print*, per la stampa delle immagini dalle modalità di acquisizione e dalle workstation;

➤ *Modalità Worklist*, per fornire alle modalità e alle workstation la programmazione delle attività, *scheduling*, per fornire alle modalità i dati anagrafici per l'header delle immagini, per la verifica della correttezza tra le immagini richieste e ricevute nella ricerca di esami precedenti;

➤ *Modalità Performed Procedure*, per aggiornare lo *scheduled* ogni qualvolta la procedura viene eseguita;

➤ *Step*, per notificare al PACS (Picture Archiving and Communication System) quando una procedura è completata e quali sono le immagini che costituiscono l'esame;

➤ *Storage Commitment*, per permettere alle modalità di cancellare l'esame localmente quando è stato archiviato;

➤ *Interchange Media Storage*, per registrare le immagini su un altro media e per ricevere immagini da altri sistemi (modalità o PACS).

L'immagine DICOM è un file costituito da un *header*, che contiene le informazioni di tipo "amministrativo" (dati paziente, dati esame, dati referto, ecc.) e da una matrice, rappresentazione numerica dell'immagine.

Alla base del protocollo per lo scambio di informazioni fra due apparecchiature esiste un approccio *Client/Server*, nel senso che, ogni volta che due applicazioni decidono di connettersi per scambiarsi informazioni, una delle due deve svolgere il ruolo di fornitore del servizio SCP, *Service Class Provider*, mentre l'altra quello di utente SCU, *Service Class User*.

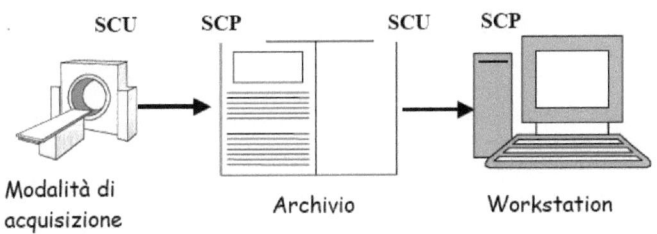

Fig.3 - Services Classes.

Ogni apparecchiatura radiologica è accompagnata da un *Conformance Statement* in cui il costruttore indica tutti i campi DICOM implementati sulla macchina, specificando i campi *header* proprietari. La condivisione di questi certificati di conformità permette l'integrazione fra diverse "modalità radiologiche", ossia le apparecchiature radiologiche digitali che, oltre alle tecnologie relative alla gestione delle immagini, sono dotate di componenti informatiche relative ai dati dei pazienti e delle procedure eseguite. Le immagini ricevute dalle modalità vengono memorizzate senza alcuna modifica, è permessa solo una compressione senza perdita di informazioni (*lossless*); le eventuali elaborazioni aggiuntive effettuate durante la refertazione (ad esempio le elaborazioni 3D) sono salvate in aggiunta all'esame.

4.3 HL7

Health Level 7 (HL7) è stato creato nel 1987 negli USA allo scopo di sviluppare standards per lo scambio in formato elettronico di informazioni

o Cliniche
o Finanziarie

o   Amministrative

tra sistemi clinici e di supporto.

E' uno fra i tanti standard ANSI che operano nell'ambito medico-sanitario. HL7 si occupa sia degli aspetti medici che di quelli amministrativi.

L'associazione promotrice è *HL7organization,* il cui sito ufficiale su cui trovare le specifiche su HL7 è *www.hl7.org.*

È il protocollo *standard* per la comunicazione di informazioni medicali, di tipo clinico-amministrativo, riguardanti paziente e esame, scambiati tra RIS (*Radiology Information System*) e PACS. Si tratta di messaggi in formato ASCII per codificare stato paziente (ammissione, dimissione, trasferimento), referto, informazioni cliniche e finanziarie.

A ogni paziente inserito nel sistema informatico ospedaliero, HIS, si associa un codice identificativo, **ID Patient**, e a ogni esame prenotato e accettato si associa un numero incrementale, **Accession Number**, AN. Questi due codici sono fondamentali, il primo perché identifica univocamente il paziente, il secondo perché identifica l'esame e quindi il referto. ID e AN inseriti mediante procedure RIS sono poi inviati alla *worklist*, che è la lista di lavoro che l'operatore TSRM (Tecnico Sanitario di Radiologia Medica) trova sulla modalità e che permette di associare i dati paziente alle immagini acquisite. L'uso di codici identificativi comuni e univocamente definiti è necessario per garantire sicurezza, continuità e tracciabilità.

CONCLUSIONI

L'avvento della società dell'informazione e le innovazioni tecnologiche hanno radicalmente cambiato il mondo delle organizzazioni, sia private che pubbliche, modificandone a volte in maniera radicale i processi strategici e operativi, fino al punto di sovvertire equilibri competitivi consolidati da tempo.

Soprattutto nelle strutture sanitarie, però, non tutti hanno saputo cogliere le opportunità offerte dalle tecnologie ICT: ciò non è dipeso generalmente dalla mancanza di attenzione al problema, ma dalla difficoltà nel gestire il processo di cambiamento organizzativo.

Il cuore del problema sta nell'aspettativa errata che gli artefatti tecnologici possano produrre il cambiamento: in realtà, ciò generalmente non accade, in quanto la tecnologia si trova ad interagire in un complesso sistema socio-materiale, dove il ruolo centrale è svolto dalle routine organizzative, da intendersi non come regole fisse di completamento, ma come "sistemi generativi che possono produrre un'ampia varietà di risultati in relazione alle circostanze". Per quanto in molte realtà in ambito sanitario un'efficace applicazione dell'*Information Technology* ha permesso di migliorare la qualità dell'offerta, contenendo i costi di erogazione e aprendo nuove opportunità di servizio in ambiti nemmeno ipotizzabili fino a qualche anno fa, in molti altri casi questi risultati non si sono avuti o tardano ad arrivare. In molti casi, infatti, né la determinazione del *management* né l'importanza delle risorse messe in campo hanno giovato più di tanto, portando a risultati decisamente inferiori alle aspettative.

In una fase in cui le tecnologie informatiche sono diventate una vera e propria *commodity*, disponibile sul mercato con investimenti neppure eccessivi, l'associazione fra nuove tecnologie dell'informazione e innovazione è spesso data per scontata, ma il passaggio è spesso molto complesso perché entrano in gioco dimensioni strategiche ed organizzative di elevata complessità, la cui scarsa considerazione può portare al fallimento di investimenti anche ingenti.

La tecnologia, infatti, determina modifiche ai processi organizzativi e alle procedure, rende disponibili informazioni prima ignote, favorisce l'accesso a dati prima nascosti ai più, agevola la misurazione tempestiva delle *performance*, modifica il profilo di competenze necessarie per svolgere alcune mansioni, apre nuovi canali di comunicazione. Tutto questo si traduce in un'alterazione degli equilibri di potere, rende obsolete soluzioni organizzative profondamente radicate e costringe tutti gli attori della vita aziendale a rivedere le proprie posizioni e i propri comportamenti.

Si comprende, quindi, come l'introduzione di tecnologie simili in contesti organizzativi differenti possa produrre risultati del tutto diversi: la tecnologia rappresenta, infatti, solo uno degli innumerevoli ingredienti che entrano in gioco nella complessa "reazione" del sistema organizzativo, dove si intrecciano dinamiche sociali solo in parte palesi e atteggiamenti individuali legati a dimensioni psicologiche spesso difficili da decifrare.

Le considerazioni proposte dalla letteratura organizzativa offrono una chiave interpretativa efficace per spiegare il fallimento di molti progetti di implementazione di nuovi software che pure sono circondati da grandi aspettative e portati avanti con un buon livello di *commitment* da parte del *management*. In molti casi il problema non dipende da una cattiva progettazione del processo di implementazione, che viene programmato con cura, prestando la dovuta attenzione sia alle fasi propedeutiche (analisi dei fabbisogni, definizione delle specifiche) sia a quelle successive al *deploy* dell'applicazione (formazione, *fine tuning* degli applicativi). Nonostante queste attenzioni, infatti, le "reazioni" dell'organizzazione risultano spesso diverse da quelle previste e l'innovazione produce effetti indesiderati o comunque deludenti rispetto alle aspettative e agli sforzi profusi dal punto di vista finanziario ed organizzativo.

In realtà, la qualità della progettazione del processo di innovazione tecnologica è fondamentale, ma non è sufficiente, soprattutto quando l'innovazione va ad incidere sui processi *core* dell'Azienda, dove sono maggiormente radicate le routine organizzative e dove il cambiamento è destinato a dover rimuovere più elevati fattori di resistenza ed inerzia. Per comprendere le ragioni di questi insuccessi che spesso frustrano l'impegno del management e dei responsabili dei reparti IT è fondamentale proprio il concetto di *"routine"*, spesso richiamato nel linguaggio manageriale, ma quasi altrettanto spesso frainteso.

L'equivoco di fondo è quello di confondere le routine "morte" (*dead routines*), ovvero quelle formalmente definite attraverso la realizzazione di artefatti (diagrammi, software, manuali delle procedure, ecc.) con le routine "vive" (*live routines*), quelle agite dal personale effettivamente coinvolto nei processi operativi[4]. La differenza fondamentale fra le due è che le prime sono disegnate a tavolino da persone che progettano e pianificano con una conoscenza generalmente indiretta e parziale della realtà, mentre le seconde sono vissute quotidianamente da persone impegnate in uno sforzo costante di *problem solving* chiamato a gestire problemi non previsti, facendo affidamento sulle proprie capacità di apprendimento. Tenendo conto della chiave di lettura di Cohen, le *routine* diventano "sistemi generativi che possono produrre un'ampia varietà di risultati in relazione alle circostanze", per cui da una parte il mercato deve offrire tecnologie ICT flessibili e scalabili , mentre l'Azienda Sanità deve essere capace di sviluppare, mantenere ed alimentare un patrimonio di *"dynamic capabilities"*, ovvero di adeguare costantemente le proprie risorse critiche, producendo innovazione continua. In particolare, emergono quelle strutture che si dimostrano più capaci di altre nel riconoscere le migliori opportunità tecnologiche e di mercato (*sensing*), nel trasformare tali opportunità in processi, prodotti, servizi di successo (*seizing*), nel gestire il cambiamento organizzativo attraverso una riconfigurazione delle risorse e delle competenze disponibili (*managing*).

Questo approccio consente di comprendere le ragioni per cui l'adozione di soluzioni basate sulle tecnologie ICT non sempre produce le *performance* attese. Il risultato dipende, infatti, non tanto dalle caratteristiche intrinseche delle tecnologie adottate quanto dalla capacità dei servizi in cui vengono applicate di leggere correttamente le opportunità connesse alle tecnologie, di calarle nella propria realtà operativa e di

---

[4] Cohen 2007

avviare quei processi complessi di adattamento e riconfigurazione delle risorse dove la tecnologia è solo uno degli ingredienti e probabilmente non il più determinante. D'altra parte, non deve sfuggire come un'efficace metabolizzazione delle tecnologie ICT possa diventare anche un fattore decisivo per alimentare le stesse *dynamic capabilities* in essere: il processo di qualificazione, il consolidamento ed il potenziamento dei sistemi informativi reso possibile dalle nuove tecnologie aumenta, infatti, la capacità dell'Azienda Sanitaria di sviluppare innovazioni veloci e di gestire il cambiamento.

Viene, così, a crearsi un circuito virtuoso, per cui il servizio sanitario di turno dotato di *dynamic capabilities*, è più pronta a cogliere le opportunità legate all'ICT, e questa prontezza diventa, al tempo stesso, un'occasione preziosa per aumentare le *dynamic capabilities* dell'organizzazione, aprendo nuovi interessanti scenari di sviluppo.

Alla base di tutto però, deve esserci la consapevolezza della natura complessa delle *routine* organizzative, che rappresenta una condizione fondamentale per gestire con efficacia i progetti di innovazione basati sulle tecnologie dell'informazione e della comunicazione. Partendo da tale consapevolezza sarà, infatti, possibile costruire percorsi di innovazione realmente attenti alle dinamiche organizzative e, quindi, capaci di sostenere quel processo di cambiamento che rappresenta il cuore delle *dynamic capabilities,*vera fonte di ogni vantaggio competitivo durevole.

In quest'ottica, è opportuno che tali processi siano sviluppati attraverso un coinvolgimento attivo del personale, che preveda momenti di formazione e pratica congiunta sul campo, di confronto reciproco, così da calare le tecnologie innovative nella quotidianità della vita organizzativa e contribuire all'evoluzione positiva delle *routine* che i nuovi "artefatti" sono in grado di alimentare. Potranno, così, emergere i diversi punti di vista degli attori del processo, i loro interessi, le loro aspettative, le alternative di azione considerate, rendendo possibile la creazione di sistemi di incentivi efficaci, molto più funzionali rispetto all'obiettivo di promuovere i comportamenti desiderati di quanto non lo siano software che "costringono" gli operatori a seguire procedure rigide.

Questi accorgimenti potranno avere un ruolo decisivo per produrre una reale innovazione a partire dall'introduzione di nuove soluzioni basate sulle tecnologie ICT. Queste ultime, infatti, non saranno viste come una panacea universale calato dall'alto per aumentare la produttività e la qualità del lavoro, bensì come un ulteriore elemento che viene ad introdursi in un complesso sistema socio-materiale, dove uomini e artefatti interagiscono in maniera spesso non prevedibile, creando e ri-creando ogni giorno nuove *routine* che, nel loro insieme, alimentano il *know how* organizzativo su cui si misura l'efficienza e l'efficacia dei servizi prestati all'utenza.

BIBLIOGRAFIA

Normativa

❖ Provvedimento 26.11.2009 del Garante Privacy, "Dematerializzazione della documentazione clinica".

❖ Decreto Legge 9 febbraio 2012 n°5, coordinato con la Legge di conversione 4 aprile 2012, n°35, recante "Disposizioni urgenti in materia di semplificazione e sviluppo".

❖ Decreto legislativo del 28 febbraio 2005, n. 42.

❖ DLG n°196, 30 giugno 2003, "Codice in materia di protezione dei dati personali".

❖ Legge di conversione, 4 aprile 2012 n. 35, del decreto-legge 9 febbraio 2012, n. 5, recante "Disposizioni urgenti in materia di semplificazione e di sviluppo".

❖ Decreto Legge 18 ottobre 2012, n. 179, "Ulteriori misure urgenti per la crescita del Paese".

❖ Decreto Legge del 18 ottobre 2012, n. 179.

❖ Circolare del Ministero della salute n. 61 del 19 dicembre 1986.

❖ Codice dell'Amministrazione Digitale, CAD - Decreto Legislativo 7 marzo 2005, n. 82, modificato ed integrato dal Decreto Legge 18 ottobre 2012 n. 179, convertito con modificazioni dalla L. 17 dicembre 2012, n. 221.

❖ Decreto del Presidente della Repubblica 28 dicembre 2000, n. 445.

❖ Decreto legislativo 28 agosto 1997, n. 281.

❖ Legge 9 gennaio 2004, n. 4.

❖ DPR n°137, 7 aprile 2003. Regolamento recante disposizioni di coordinamento in materia di firme elettroniche a norma dell'articolo 13 del decreto legislativo 23 gennaio 2002, n. 10.

❖ Dlg 675/1996. Tutela delle persone e di altri soggetti rispetto al trattamento dei dati personali.

❖ DM 14 febbraio 1997. Determinazione delle modalità affinché i documenti radiologici [...] siano resi tempestivamente disponibili per successive esigenze mediche.

Articoli

❖ "Linee guida sulla qualità dei beni e dei servizi ICT per la definizione ed il governo dei contratti della Pubblica Amministrazione" – CNIPA.

❖ Giovanni Comandé, Luca Nocco,Violette Peigné – "Il Fascicolo Sanitario Elettronico: uno studio multisciplinare" – Rivista Italiana di Medicina Legale Anno XXXIV Fasc.1-2012.

❖ Paolo Guarda – "Fascicolo Sanitario Elettronico e Protezione dei Dati Personali" – Quaderno n.94/2011 del Dipartimento di Scienze Giuridiche, Università degli studi di Trento.

❖ Mauro Moruzzi - "E-Health e Fascicolo Sanitario Elettronico" - Milano, Il Sole 24 Ore, 2009.

❖ Franco Angeli - "Fascicolo Sanitario Elettronico Personale e Reti e-Health. Appunti per un'analisi della sanità di Internet" - Salute e Società, Anno VII – 3/2008 (Milano,2008).

❖ Filomena Polito – "La Privacy in ambito sanitario" – Corso di Formazione.

❖ Raul Chiesa - ISH, Information Security Hospital – 2012.

❖ Claudia Ciampi – "La sicurezza informatica. Aspetti giuridici, standard e modelli di gestione" – Rivista Elettronica di Diritto, Economia, Management, Numero 1-2010.

❖ Giulio Maggiore – "ICT e innovazione: la sfida del cambiamento organizzativo" – Rivista Elettronica di Diritto, Economia, Management, Numero 1-2010.

❖ David A.Clunie - DICOM Implementations for Digital Radiography - RSNA '03.

❖ La protezione dei dati personali: dalla parte del paziente - Garante per la Protezione dei Dati Personali, 15 novembre 2007.

❖ Digital Imaging and Communications in Medicine (DICOM). PS 3.1-3.15, 2008.

❖ "Un quadro di riferimento sulle tecnologie dell'informazione nel settore sanitario" - monografia CNR – PROREC Italia.

Siti internet

- ❖ http://www.dclunie.com;
- ❖ http://medical.nema.org;
- ❖ http://www.ispesl.it;
- ❖ http://www.cipa.it/;
- ❖ http://www.ehealthforum.it;
- ❖ http://www.clusit.it/;
- ❖ http://www.hl7.org;
- ❖ http://www.anorc.it;
- ❖ http://www.nsis.ministerosalute.it;
- ❖ http://www.mattoni.ministerosalute.it;
- ❖ www. informationsecurityhospital.it;
- ❖ http://www.sirm.org/pubblicazioni;
- ❖ http://www.aapm.org/pubs/reports/OR 03 Supplemental;
- ❖ http://iniziative.forumpa.it/expo11/convegni/sanita-innovazione-e-tecnologie.

Printed by Books on Demand GmbH, Norderstedt / Germany